中国管理科学丛书

工商管理学科
"十三五"发展战略与优先资助领域研究报告

陈国青　冯芷艳　路江涌　刘军　等/著

内 容 简 介

本书从工商管理学科的基本学科界定出发,对中国工商管理学科发展现状与未来面临的实际挑战进行了分析,并且对国际学科的发展趋势进行定量分析。在此基础上,提出了未来 5 年学科发展的指导思想与战略目标。结合文献分析、学科面临的现实挑战及未来的战略原则,本书提出了多个子学科的优先发展领域、国际合作的优先领域,并提出了保障"十三五"规划实施的具体措施。本书采取了文献分析、专家访谈、问卷调研及理论分析等多种研究手段。

本书适合工商管理学科从事研究和教学的人员、政府相关部门的管理人员,以及企业管理人员阅读。

图书在版编目(CIP)数据

工商管理学科"十三五"发展战略与优先资助领域研究报告 / 陈国青等著. —北京:科学出版社,2016.11
 (中国管理科学丛书)
 ISBN 978-7-03-050636-8

Ⅰ. ①工… Ⅱ. ①陈… Ⅲ. ①工商行政管理–学科建设–研究报告–中国–2016-2020 Ⅳ. ①F203.9-4

中国版本图书馆 CIP 数据核字(2016)第 265219 号

责任编辑:马 跃 刘英红 / 责任校对:李 影
责任印制:肖 兴 / 封面设计:华路天然设计

科 学 出 版 社 出版
北京东黄城根北街 16 号
邮政编码:100717
http://www.sciencep.com

中国科学院印刷厂 印刷
科学出版社发行 各地新华书店经销

*

2016 年 11 月第 一 版 开本:720×1000 1/16
2016 年 11 月第一次印刷 印张:9
字数:142 000
定价:56.00 元

前　　言

　　在全球化浪潮的推动下，中国企业迅速走向世界，中国经济已经成为全球经济的重要组成部分。近年来，随着移动互联与信息技术的快速发展，以大数据、云计算、物联网等为标志的新兴技术与经济社会生活的深度融合为中国企业的管理变革和模式创新带来挑战与契机。可以说，"十三五"时期是中国企业在管理和技术创新驱动下，广泛深入参与国际竞争的重要战略阶段，也是中国企业加速转型升级、面向全面建成小康社会的攻坚阶段。在此形势下，我们可以看到：第一，中国企业的全球化过程将会催生出一系列新的管理现象与管理问题；第二，中国的产业升级、新兴产业的崛起以及企业增长方式的转变，将会吸引国际实务界与理论界的关注；第三，新兴技术的迅猛发展以及大数据驱动的管理决策范式变化，对企业的生产经营活动将产生重要影响；第四，在持续的制度变迁过程中，情境与文化因素对管理行为的影响将会进一步显现出来。

　　鉴于此，在"十三五"推进过程中，理论联系实践，立足中国国情，吸纳中外智慧，是中国管理学界面临的重要课题。同时，不断审视学科态势、把握学科主流、展望学科发展具有现实和前瞻意义。面向未来，中国工商管理学科的研究工作者具有双重历史使命：一是通过引进、传播以及消化吸收其他国家的管理文明，帮助中国企业不断走向成功。二是通过对中国企业不断涌现的新的管理现象与管理实践进行科学的观察与分析，发展出新的理论，为世界管理科学的发展做出自己的贡献。

　　受国家自然科学基金委员会管理科学部的委托，"十三五"战略工商管理学科课题组（简称课题组）从 2014 年起开始探讨和研究"十三五"期间我国工商管理学科的发展战略和优先资助的研究领域。本书在主要学科界定等方面参考了国家自然科学基金委员会的相关学科代码，原则上与"十二五"发展战略相关学科框架保持一致。通过收集和梳理2009年至2015年上半年国内外工商管理的大量研究成果，访谈和调研国内外相当数量的工商管理学科的知名专家和教授，采用统计分析方法以及相似关联分析等技术手段，从中提炼出我国工商管理学科在"十三五"期间亟待研究的主要问题，并描绘出工商管理学科各子领域之间的互动关联视图。

具体而言，文献分析方面，由各领域相关专家根据学科共识，以及期刊的国际认可度、权威性，确定出国际重要期刊114个，文章总数35 000余篇（2009年至2015年上半年），热点话题、领域关键字、重要主题词共约48 000个；国内重要期刊32个，文章总数15 000余篇（2009年至2015年上半年），热点话题、领域关键字、重要主题词共约22 000个。基于上述资料，进行了学科领域内主题领域相关统计分析、学科领域内关键词统计分析以及基于关键词相似性的学科领域关联分析等。问卷调研方面，通过"线上+线下"的实名调研方式，包括在主流调研平台上的定制问卷设计，从国内外相关领域专家回收到1 000余份有效问卷，获得和汇总了较全面、丰富的专业见解。访谈分析方面，通过组织8场专家座谈会，覆盖工商管理12个学科领域，参与专家和学科带头人120余人，进一步激发了思想碰撞和问题凝练。

综合上述方法和分析，本书讨论了工商管理学科的属性、特征和研究规律，阐述了国内外工商管理学科的研究现状和动态趋势，提出了我国工商管理学科未来研究的基本指导思想和战略目标，以及学科发展的布局、重点的发展方向、优先资助领域和国际合作交流的优先领域，最后提出了发展工商管理科学的保障措施。

本书汇集了我国管理学界诸多知名专家学者的智慧，也获得了相关国外著名专家学者的帮助，在此，我们对他们表示衷心的感谢。同时，课题组工作的开展得到了国家自然科学基金委员会的支持（71440002），特别是得到了国家自然科学基金委员会管理科学部吴启迪主任、李一军常务副主任、高自友副主任等的重要指导以及咨询委员会专家的宝贵观点和建议。还要感谢清华大学陈剑教授、陈煜波教授，北京大学张志学教授、张影教授，中国人民大学毛基业教授，中国科学院自动化研究所曾大军研究员，东北大学唐立新教授，复旦大学范秀成教授，西南交通大学贾建民教授，中山大学施俊琦教授，南开大学张玉利教授，吉林大学蔡莉教授等在领域发展及学科方向方面提供的深刻见解。最后，还要感谢课题组的其他成员：吴世农（厦门大学）、王玲（中国政法大学）、陈荣（清华大学）、黄朔（清华大学）、许年行（中国人民大学）、岳衡（北京大学）、赵先（北京理工大学）、熊德华（北京大学）等教授、学者在工作中表现出来的出色专业能力、敬业素质和合作精神。此外，感谢清华大学研究助理陆本江、张明月、乔丹丹等在数据分析以及初稿素材整理过程中的出色工作。

　　希望本书内容对于工商管理领域的学者和研究人员有所启发，也供相关政府和企业实践人员参考。对于课题研究的不足之处，敬请大家批评指正。让我们共同努力，为我国工商管理学科的繁荣与发展做出积极的贡献。

　　　　　　　　　　陈国青（清华大学）
　　　　　　　　　　冯芷艳（国家自然科学基金委员会）
　　　　　　　　　　路江涌（北京大学）
　　　　　　　　　　刘　军（中国人民大学）
　　　　　　　　　　　　2016 年 7 月于北京

目　　录

第1章 学科界定及其发展背景[1]

1.1 学科界定及其战略地位与科学意义

国家自然科学基金委员会(简称基金委)将工商管理学科界定为"以工商企事业单位及非营利组织为研究对象的微观管理理论、技术与方法的基础研究和应用基础研究"。以微观组织内部活动的不同侧面作为研究对象,形成工商管理学科不同的子学科与研究领域。目前,基金委定义的工商管理学科主要包括战略管理、企业理论、人力资源管理、组织行为与组织文化、公司财务与金融、会计与审计、市场营销、运作管理/物流与供应链管理、企业信息管理、服务管理、创新管理/技术创新、创业与中小企业管理12个分支学科与研究领域(也称学科领域)。这些学科领域基本涵盖了一般商学院研究与教学领域。

1.1.1 工商管理研究的科学属性

工商管理学科是一门研究社会经济微观组织管理活动规律及技术的科学,其研究对象是由人组成的社会经济的基础单元(企业或非营利组织),兼具自然属性与社会属性;因此工商管理学科各学科领域的研究同时具有人文属性与科学属性。其科学属性主要表现在下三个方面:

第一,从研究对象看,工商管理学科所研究的对象具有"不确定性"或"随机性"的特点。也就是说,工商管理学科各学科领域的研究是在不确定性或随机性特征的环境中,探讨企业的战略管理、创新管理、人力资源管理、市场营销、会计与审计、财务管理、运作管理、信息管理、物流与供应链管理等方面的规律性,并建立决策模型为企业管理提供支持进而帮助提高企业经济效益，降低各种经营风险和财务风险。因此，工商管理研究对象的这种"不确定性"和"随机性"与自然科学和工程技术研究对象的随机特征有异曲同工之妙。此外，人是工商管理研究对象的重要组成部分，因此工商管理的研究中，除了考虑"不确定性"或"随机性"以外，还需要着重考虑人与组织的行为特征及其影响。

第二，从研究方法看，工商管理学科采纳了与自然科学日益趋同的研究方式。工商管理学科的研究者主要依赖演绎与归纳两种基本手段完成理论的构建。而受到实证主义的影响，大量实证主义方法被广泛应用于工商管理学科的理论研究。在其发展过程中，形成了符合自身研究需要的定量与定性的科学方法。其中，定量方法包括统计与计量、设计科学、模拟仿真、优化与博弈、数据分析、商务智能等；定性的方法则包括扎根研究、案例研究、人种志学方法、历史研究方法等。

值得指出的是，工商管理不同学科领域具有各自的问题特征和研究范式，因而在定量方法和定性方法的使用上各不相同。例如，从传统实践视角来看，相对战略管理、人力资源与组织行为等领域而言，企业理论、公司财务与金融、运作管理、信息管理等领域通常使用较多的定量方法来进行理论构建。当然，在大数据背景下更多数字化和商务分析（business analytics）工具的使用、包括行为和情境类特征的可感知性、可测量性的提升，为各学科领域利用定量方法进行理论构建和模式分析提供了更广阔的空间。

特别地，近年来也出现了更为明显的定量与定性两种研究方式融合的情形。例如，先通过数学建模方法，分析得出一般规律，再通过试验或调查统计进行实证研究，加强研究结果的说服力。与此同时，传统采用数学分析方法较多的领域，也开始重视实证方法的应用，反之亦然。

第三，从研究目标看，发现规律，构建一般性的理论，对未来进行预测这些自然科学的研究目标也同样是工商管理研究者的首要任务。工商管理学科的研究目标是探讨大量存在于人类生产和服务活动中的特性、关系、规律及其影响因素，通过对这些方面的掌握来寻求最优/恰当的管理策略。其研究成果通常表现为一组相关命题或者假设。这些命题与假设被学者用来阐述概念之间的因果关系或者函数关系。同样，自然科学与工程技术的研究目标也是从对相关过程特性、关系、规律的研究中找到解决问题的最优方案。

1.1.2　工商管理研究的特殊属性

　　工商管理的研究不仅具有科学研究的一般特征，在其学科发展过程中，还逐步形成了自身特点。一般认为，值得管理学研究者关注的特点包括相对有限的普适性、实践导向以及学科交叉。

　　第一，相对于以物理世界为研究对象的学科，工商管理研究成果的普适性受到一定程度的限制。任何理论都有其边界与适用范围，但是工商管理学科因果关系的边界与适用范围受到的约束更加明显。这也使得工商管理的理论更多的是微观（如人、团队、组织层面）与中观的理论（如企业、企业与市场层面），而宏大的理论比较少出现。工商管理的研究对象是一个以人和企业/组织为主体的社会系统。这个社会系统置身于更大的经济、政治、文化与技术体系之中。这些外部环境因素使得工商管理研究成果的有效性更容易受到地域与时间的挑战，这也促使工商管理学科必须比其他学科更加关注时空变化对现有知识带来的影响。这种普适性的弱化，使得与某类文明或者社会体系紧密联系的工商管理理论的出现成为可能，如具有中国特色的工商管理理论。

　　第二，实践性是工商管理学科另外一个重要特征，这一特征也是推动其发展的主要动力来源。由于所研究问题多源于管理实践，工商管理学科的实用性与生俱来，而实践性也被广泛认为是工商管理学科最为突出的特征。但在最初的发展阶段，对实用性的片面追求使得工商管理被批评为缺乏学术地位的实用性学科。之后，经过几代人的努力，工商管理学科成为独立于其他学科的重要科学分支。工商管理学科的科学产出不仅得到实践界的支持，也得到来自包括自然科学、社会学、经济学、法学等诸多学科的承认与引用。而近年来，管理学科在美国学界正在遭受越来越多关于其脱离实际的抨击。在这种情况下，美国工商管理学者开始反思管理学的实用价值，并认为这种实用价值的日渐势微，将会影响其合法性地位。

实用性与逻辑性是检验理论的两个重要标准,工商管理学科正是在追求这两种标准的过程中逐步发展起来的,并最终建立起学术的合法性地位,工商管理学者也是通过对实用性与逻辑性的追求推动了整个学科的发展。随着人类社会不断进行的管理实践活动,合作规模将会越来越大,有关合作的实践问题将不断地挑战人类现有的智慧与知识。这些挑战成为刺激工商管理学科发展的主要外部驱动因素,这些因素将与科学家的好奇心一起,成为推动科学发展的主要动力。

第三,工商管理是一门具有较强综合交叉性特征的学科。工商管理学科的交叉性特征同时表现为学科内部不同学科领域之间的高度交叉、与管理科学内部其他学科的高度交叉,以及与管理科学之外其他学科之间的交叉。工商管理的各个学科领域都以企业或者特定组织为研究对象。虽然不同学科领域的侧重点不同,但是这种研究对象的一致性,使得工商管理学科领域之间存在紧密联系。对于有些现象,必须整合不同学科领域的研究成果才能更好地解释与预测。而一些基础理论与假设的变化,也会同时影响多个相关学科领域,这就导致工商管理学科内部各学科领域之间存在高度交叉研究的可能。而现代工商管理学者也正是从这些学科交叉过程中发现新的理论和方法。

同时,工商管理学科的研究,离不开一般性管理的基本理论、方法和技术,也需要考虑政府及公共部门的宏观政策制定,而这些都属于管理科学研究的范畴,因此,工商管理各学科领域的研究,与管理科学各学科之间也有着或多或少的交叉。

第四,企业既是一个不断更新的技术系统,同时也是一个开放的社会系统。企业的这种多属性使其研究者必须综合和借鉴多学科的理论与方法开展研究和学术创新。从某种意义上说,工商管理学科是在与包括自然科学、工程科学、技术科学以及社会科学在内的多学科之间相互交叉过程中发展起来的。

1.2 学科研究规律和发展态势

工商管理作为一门学科的发展历史不过百年。在工商管理学科发展初期，借用了包括经济学、心理学、社会学、工程科学等其他相对成熟学科的概念、方法与理论。由此，工商管理学科的学术独立性与合法性一度遭到质疑。随着更多学者的加入，工商管理学科开始形成独立于其他学科的知识与概念体系、研究方法与手段、知识传播与学术对话平台，并形成了学科独特的研究与发展范式。因此，虽然作为一门独立学科的时间不算长，但工商管理科学已经开始为其他学科提供有关企业、组织与人的知识，呈现出如下一些显著的研究规律和发展态势。

第一，工商管理是一门有关协作体系的学科，其研究成果丰富了其他学科对有关组织与人的行为的理解。微观组织在工商管理学科被广泛描述为协作体系，这种描述表明管理学将人与人、人与组织间的关系置于研究的核心地位。这一核心特征贯穿所有工商管理学科领域，同时使工商管理学科与同样声称以"人的行为"作为研究对象的经济学、心理学区分开来。在学科发展过程中，工商管理学积累了大量有关企业行为、企业中人的行为与动机、人与企业之间关系等方面的知识。这些知识为非管理学科在研究有关企业与人的行为时提供了帮助。经济学、心理学、信息科学与技术、系统科学、社会学、法律、政治科学等学科的研究都一定程度上涉及企业与人的行为领域，这些非管理学科开始频繁地引用工商管理学科的文献，利用工商管理学科的知识解决自己学科遇到的问题，并且与工商管理学科在很多领域进行交叉研究。

第二，工商管理是一门提高组织竞争力的学科，其研究成果体现了我国管理科学发展的综合水平。从理论意义看，工商管理研究直接以揭示企业和微观组织的管理特征、变化趋势和基本规律为主要目标，不仅可以从理论上创新、丰富、补充、完善管理理论、管理知识和管理方法，成为管理科学的一个重要的组成部分，而且更为重要的是，工商管理学科的发展，综合体现了一个国家管理科学的发展水平。"没有工商管理学科，就没有完整意义上的管理学院"，这句话在全球各国的管理学教育体系中，得到最佳体现。同理，没有工商管理学，也就没有完整意义上的管理科学。

第三，工商管理学科是一门研究任务和人如何结合的学科，其发展使得其他学科在发展过程中，更多地融入了人的要素。企业是一个将人与技术、人与科学结合在一起的系统。工商管理学科便是有关人与工作结合的学问，众多新科学与技术不仅诞生于企业，并且直接应用于企业生产经营活动之中。例如，信息科学与技术在企业中的应用是为了提高企业信息处理的能力以及不同部门之间的沟通效率，而关于企业处理信息的方法与流程，则对于促进信息科学在企业中的应用不可或缺。因而，工商管理有关人与任务的知识能够使得这些面对企业应用的学科在发展过程中更好地符合企业的需求。

第四，工商管理学科是一门交叉学科，其发展对其他学科提出更高的要求，促进了其他学科的发展。工商管理学科在其发展过程中不断挑战其他学科的基本假设、理论成果与研究方法，这些来自工商管理学科的挑战，导致其他学科或者重新审视本学科理论的基本假设，或者修正已有的结论，促进了其他学科在技术方法上进行大的创新。这种对其他学科的拉动效用不仅仅体现在心理学、社会学以及经济学等领域，也常见于系统科学、数学以及信息科学等自然科学领域。

1.3　学科发展的现实背景及国家需求

近年来，中国企业深受全球化的影响，迅速地走向世界，中国经济也已经成为全球经济的重要组成部分。未来的 5~10 年，更是中国企业利用创新和管理，全面走向国际化、与国外企业展开竞争与合作，更好地参与国际竞争的重要战略阶段。中国经济的高速发展与中国企业的成功将会给中国工商管理的研究者带来新的命题和追赶乃至超越国际同行的重大机遇。例如，在电子商务领域，中国企业的销售额已经超越了许多发达国家；在大数据应用和研究领域，各国也基本处于同一起跑线上。基于中国传统文化、适合国情的本土管理思想在中国企业近年来的迅速发展中也在发挥重要的理论指导作用。事实上，关注中国传统哲学和国学中的智慧并从中汲取管理思想与理论基础、融合西方现代管理理论与方法、结合中国管理实践特殊性，提炼具有中国特色的管理理论与研究范式，已经成为国内外管理学者越来越热衷的研究话题。

在企业不断参与国际化竞争的同时，从国家层面来看，中国经济正处于转型过程中。一方面，人口红利的消失，导致国内劳动力成本增加与劳动力资源短缺并存，要求企业必须加快转型，竞争优势已不再立足于人力成本的优势，应发展核心业务。另一方面，中国制造企业以中小企业为主体，大部分处于产业价值链的最低端。受全球经济危机、国内生产成本上升等因素的影响，中国制造业面临着前所未有的压力。经济转型对工商管理学科研究提出了新的要求。

因此，面向未来，致力于中国工商管理学科发展的研究工作者具有双重历史使命，一是通过引进、传播以及消化吸收其他国家的管理文明和先进的管理理论、技术与方法，帮助中国企业不断走向成功。二是通过对中国企业不断涌现的新的管理现象与管理实践进行科学的观察与分析，发展出新的理论，为中国企业转型发展过程中提供理论支持的同时，也为世界管理文明的发展和管理理论创新做出中国学者应有的贡献。这也决定了中国工商管理学科的发展应该围绕中国本土企业管理实践与发展规律展开。具体地说，以下一些重要的现实背景及当前环境的变化，将会影响所有工商管理学科的研究者。

第一，中国企业的全球化过程将会催生出一系列新的管理现象与管理问题。与国际先进企业相比，中国企业的整体特征是：盈利能力较弱，负债比率偏高，成长性偏低，盈利质量较低；即使一些盈利能力较强的企业，主要也是分布在垄断行业。

中国企业中的先行者在这种背景下开始了自己的全球化之旅。根据西方企业的经验，全球化将会彻底改变企业的战略思维、资源获取方式、竞争手段、组织模式以及雇佣关系等方面。这种改变同时会产生大量相关的管理理论成果。由于全球化的背景、历史机遇以及企业国际化动机迥然不同，因此现有的关于企业全球化的知识与经验，并不一定能够帮助中国企业完成这一过程。而中国企业的全球化经验，也能为现有的全球化理论带来新的证据和有效的补充。

第二，中国的产业升级、新兴产业的崛起以及企业增长方式的转变，将会吸引全世界实务界与理论界的注意力。中国在成为世界"制造大国"的过程中，培育了大批积累了丰富经验的生产制造企业。但长期依赖低廉的生产要素支撑经济快速增长的模式导致中国制造企业更习惯于低成本的竞争方式，缺乏技术革新与品牌建设的经验。为了改变经济增长方式，国家提出关于"更加注重推进结构调整，更加注重加快自主创新"

的方针，旨在改变经济发展的增长模式。在这种背景下，中国企业是否会走上自主创新的发展之路，是否能够依赖技术和管理与世界级企业进行竞争，成为世界关注的焦点。

中国产业升级、新兴产业的快速发展以及企业增长方式的转变，将会对世界产业分工以及企业竞争格局产生深远影响。这种带有中国因素的企业转型，正在吸引大量西方学者的研究注意力。可以预见，伴随着中国企业的转型成功，中国企业将会成为世界理论界研究的焦点。由于中国学者对于这一过程的观察有着不可替代的优势与价值，因此中国学者有责任就这一时期中国企业的管理实践提供更为深刻的理论解释，为管理理论做出应有的贡献。

第三，当前的技术正处于快速发展阶段，其中尤以信息技术的发展影响最大。以移动互联、社会媒体等为代表的信息技术的迅猛发展，对企业的生产经营活动产生了重要影响，如互联网改变了顾客的购买行为，网络零售市场不断扩大，移动应用极大地改善了用户的物流体验等。大数据时代，在给企业管理带来新挑战的同时，也带来了更多的创新发展机遇，包括如何利用大数据实施精准营销、个性化服务、企业转型升级等。值得注意的是，虽然我国一些企业实践已经走在了世界前列，但相应的理论研究却落后于实践，因而急需理论创新来指导、引领业界进一步的发展。我们应该把握这个机会，利用以互联网、大数据为代表的先进信息技术，帮助中国企业提高管理创新，促进经济转型升级。

第四，在持续的制度变迁过程中，情境与文化因素对管理行为的影响将会逐步彰显出来。在过去10年中，国有企业改革、各类要素市场的建立构成了中国制度变迁的主要内容。这一变迁过程，成为西方学者检验与制度相关的各类理论的最佳对象。在相当长的一段时间内，关于中国的理论话题，仍然会与这些内容相关。这些话题被各学科领域反复讨论与检验，但是并没有对基础理论产生根本性影响。正如很多学者指出，在构建与中国相关的理论中，中国的制度因素更多是一般理论的调节变量。

在未来，制度中的文化与社会规范要素对中国企业的作用将会得到更多的关注。如果说改革与要素市场的建立，从宏观层面影响了企业行为，那么社会规范与文化将通过影响组织参与者的认知与价值观，最终影响企业的各个方面。相对于改革，后一种影响没有得到西方与中国工商管理学界应有的重视。随着中国企业在世界经济中占据越来越重要的地位，中国企业的伦理，以及由此带来的公司治理、企业社会责任、经理人员的行为、激励、雇员与组织之间关系等话题也将会成为工商管理学科的中心论题。

第 2 章　学科发展现状和动态

　　工商管理学科经过多年发展和不断成熟，逐渐形成了独立于其他学科的知识与概念体系、研究方法与手段，同时以微观组织内部活动的不同侧面作为研究对象，其内部也逐步分化成为多个不同的学科领域。结合基金委管理科学部的学科领域划分体系，我们在"十三五"规划的研究过程中将工商管理学科归集为 12 个领域进行分析与研究，分别是：战略管理（G0201）、企业理论（G0202）、创新管理/技术创新（G0203/G0210）、组织行为与组织文化（G0204）、人力资源管理（G0205）、公司财务与金融（G0206）、会计与审计（G0207）、市场营销（G0208）、运作管理/物流与供应链管理（G0209/ G0212）、企业信息管理（G0211）、服务管理（G0214）以及创业与中小企业管理（G0215）。本章主要从总体学科以及相关学科领域两个维度对工商管理学科国际和国内的发展现状与前沿动态进行分析和展望。

2.1　国际发展现状与前沿领域

2.1.1　总体发展状况

　　工商管理学科的相关研究和管理实践在近些年来备受关注，并最终在各分支领域层面形成一批有影响力的研究成果，主要反映在顶尖国际刊物所发表的文章上。鉴于顶尖国际刊物的权威性和前瞻性及其主流趋势和领域方向在学界的高度认可程度，通过在不同层次、粒度上对这些文献进行分析研究，可以较为准确地发现和把握各学科领域的发展脉络和轨迹。因此，本部分主要采用文献计量方法，从期刊、文章、主题、内容等不同的层次、粒度视角，对工商管理学科的发展现状以及前沿领域进行多维分析，并在多个主流研究方向上进一步深入展开，以体现相关领域的基本内涵和重点问题。

在期刊选择方面，由各领域相关专家（学术骨干/学科带头人）根据学科共识，以及期刊的国际认可度、权威性，确定出该领域内的主流国际期刊［如英国《金融时报》（*Financial Times*，FT）排名期刊、UT Dallas（University of Texas at Dallas，即得克萨斯大学达拉斯分校）期刊等］，力求能够把握学术动态，并具有方向指引性，能够较好地反映国际工商管理学科的发展现状和前沿领域。最终，各领域确定出 15~20 个重要国际期刊，汇总整理后得到 112 个重要国际期刊[2~113]。这些期刊涵盖了2009 年到 2015 年上半年的学术成果，文章总数 35 000 余篇。总体来看，国际工商管理学科在各领域内的年度成果产出保持相对稳定；同时，各领域间的文章数量上有所差别，如图 2-1 所示。

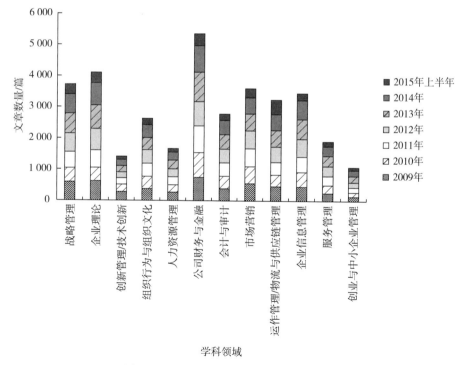

图 2-1　国际各领域年度发表文章数量统计

特别地，后续章节通过辨识出文章的热点话题、领域关键字、重要主题词等（共约 48 000 个），可以进一步分析文章的具体内容和研究情境，以利于更深度地了解这些学术成果的内涵和联系。

2.1.2　各学科领域发展

通过对近年来各学科领域重要学术期刊的文章进行分析，并综合专家研讨意见，本部分旨在发现各学科领域呈现多样化的研究方向。通过对这些研究方向进行统计分析，我们可以进一步挖掘工商管理学科各领域的国际热点问题和方向布局，有利于为我国工商管理学科发展规划提供有益的借鉴与指导。

具体说来，对于"战略管理"学科领域，如图 2-2 所示，"行为战略"方向的研究受到学者们的高度关注，占该领域总体比例最高；紧随其后的是"公司层战略"研究方向；其他方向，如"知识与创新战略"、"利益相关者战略"以及"组织网络与学习"等也占据主流地位；此外，"创业战略"作为比较新兴的一个研究方向，虽然整体占比不高，但呈现逐年稳定增长的态势。

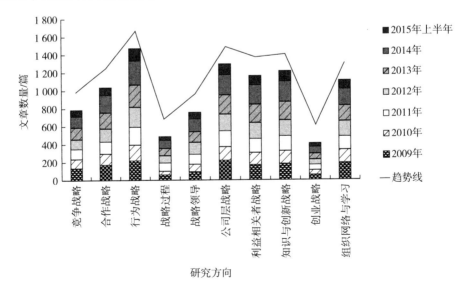

图 2-2　战略管理各研究方向在重要国际期刊的发文统计

对于"企业理论"学科领域，如图 2-3 所示，"公司治理理论"方向相关的研究受到学者们的高度关注；其次为"企业与产业组织理论"方向，也呈现出稳定的增长趋势，而"跨国企业与跨国投资理论"方向仅次于"企业与产业组织理论"方向；此外，在学科交叉方面，"信息理论与企业"方向也在整个研究领域中占据重要位置。

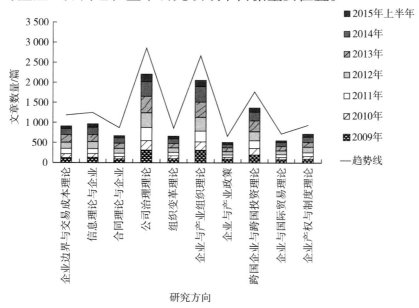

图 2-3　企业理论各研究方向在重要国际期刊的发文统计

对于"创新管理/技术创新"学科领域，如图 2-4 所示，"一般理论与方法"一直是"创新管理/技术创新"领域中的热点研究方向，占该领域总体比例最高；"创新绩效/创新能力/评价"与"研发管理"两个方向的相关研究紧随其后，反映出这两个方向在该学科中受到了持续性的关注。相比较而言，有关"案例""技术转移""技术型创业"的相关研究则整体占比较低，说明近年来对这几个研究方向的关注度相对较低。

对于"组织行为与组织文化"学科领域，如图 2-5 所示，"个体动力机制"方向相关的研究自 2009 年以来受到持续关注，占该领域总体比例最高。个体动力机制是研究个体行为背后的心理动力，对该主题进行研究能为企业提供合适的激励方案。其他几个方向，如"团队/组织过程与效能""个体与组织创造力与创新""领导与追随力"等也是该领域内较为主流的研究方向。

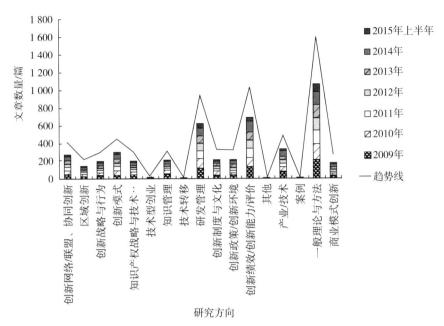

图 2-4　创新管理/技术创新各研究方向在重要国际期刊的发文统计

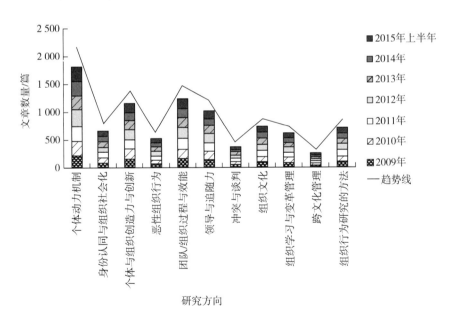

图 2-5　组织行为与组织文化各研究方向在重要国际期刊的发文统计

对于"人力资源管理"学科领域,如图 2-6 所示,各个研究方向的研究水平比较均衡。其中"人力资源战略"作为该学科的重点研究方向,受到学者们普遍关注。人力资源战略不仅关注企业持有的人才理念,而且也强调变革背景下人力资源战略的制定、执行与调整。而"互联网以及全球化背景下的 HRM"在近几年也广受关注，说明了互联网等新兴技术的发展在很大程度上转变了研究的视角，促进了学科创新。

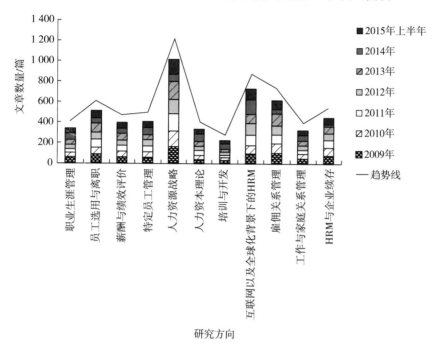

图 2-6　人力资源管理各研究方向在重要国际期刊的发文统计

对于"公司财务与金融"学科领域，如图 2-7 所示，"资产定价"这一研究方向在国际上的关注程度占有绝对优势，这反映了国际上该领域研究的集中程度较高。此外，"融资决策"与"公司治理"也是较为主流的两个研究方向，受到了学者们的重点关注。

对于"会计与审计"学科领域，如图 2-8 所示，各研究方向在国际上的关注程度有所不同。"会计信息与资本市场"、"会计信息与公司治理"、"信息披露"、"会计准则与会计制度"以及"会计选择与盈余管理"等研究方向受关注程度普遍较高，而"政府审计"、"预算管理"以及"成本系统"等领域目前受关注程度明显偏低。

对于"市场营销"学科领域，如图 2-9 所示，其各研究方向在重要国际期刊的关注程度较为均衡。相对而言，"消费者心理和行为"受到的关注较多，这可能和社会化商务、移动商务等新兴信息技术和商业模

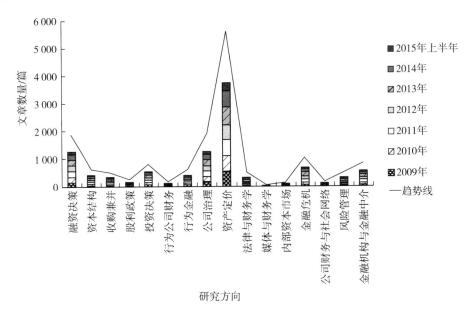

图 2-7 公司财务与金融各研究方向在重要国际期刊的发文统计

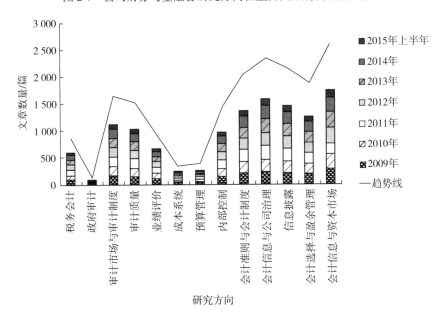

图 2-8 会计与审计各研究方向在重要国际期刊的发文统计

式所产生的新消费环境有关,而新的环境对消费者在意识、思想、态度、行为等方面的研究均体现出一定的新颖性,因此对消费者心理和行为的研究在近年来受到广泛关注。

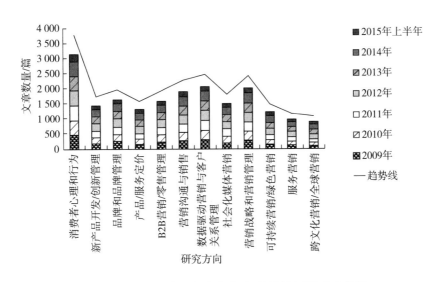

图 2-9　市场营销各研究方向在重要国际期刊的发文统计

对于"运作管理/物流与供应链管理"学科领域，如图 2-10 所示，"库存管理""生产计划与调度""设施选址/产能规划/布局优化""供应链协调与协同""供应链优化""物流管理与调度"等研究方向仍然占据较大比例。但同时一些新兴方向也越来越受到学者们的关注，尤其是近年来"与其他学科（金融/营销/信息等）的交叉"研究稳步增长，并且"新兴行业的应用（医疗/应急/电子商务等）"的相关研究也有增长趋势，这些都体现了学科融合的新动向。

对于"企业信息管理"学科领域，如图 2-11 所示，"BI/BA①方法与应用"相关的研究在近年来受到了学界高度关注；而属于经典研究范畴的"企业信息化/系统"也是学者们关注的重要方向；此外，"信息资源管理""IT 战略与组织"等研究方向也占据较为主流的地位；而随着近两年社交媒体、移动互联等新兴技术的不断渗透普及，"社会网络与社会化商务"、"互联网与电子商务创新"及"移动商务"等研究方向也逐渐趋热。

---

① BI/BA：business intelligence/business analytics，即商务智能/商务分析。

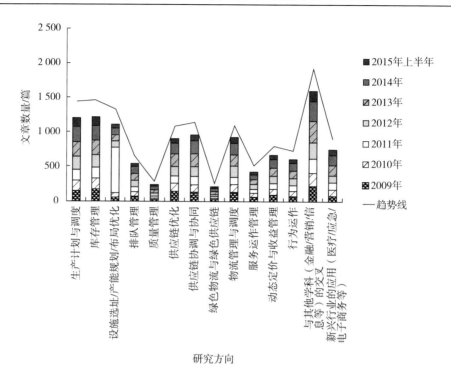

图 2-10　运作管理/物流与供应链管理各研究方向在重要国际期刊的发文统计

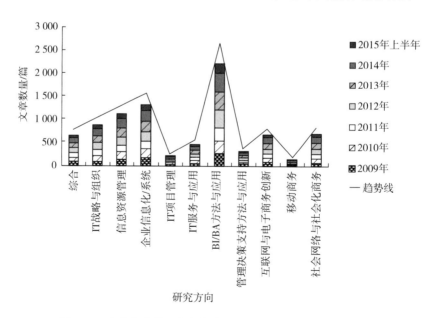

图 2-11　企业信息管理各研究方向在重要国际期刊的发文统计

对于"服务管理"学科领域，如图 2-12 所示，"服务过程中的顾客体验"这一研究方向受到普遍关注，反映出现代服务管理过程中，顾客的体验已经成为服务质量的重要体现，同时，也是服务优化与改进的"指南针"；"服务设计开发"也是服务管理领域重点关注的方向；此外，"服务价值的测量与优化""服务营销"等方向也较受学者关注；"信息服务"以及"公共服务"两个研究方向受关注程度相对较低，但是这些方向可能蕴含着较大的研究机遇。

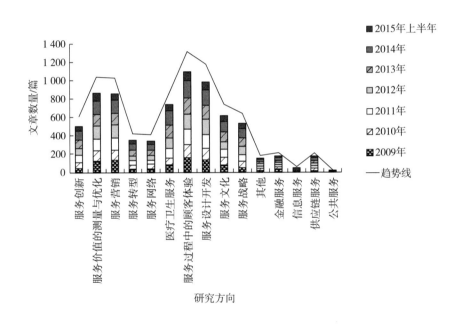

图 2-12　服务管理各研究方向在重要国际期刊的发文统计

对于"创业与中小企业管理"学科领域，如图 2-13 所示，"创业/创业企业理论"方向的研究备受关注；其他方向的相关研究较为均衡，其中"创业者与创业团队"、"创业机会的选择与评价"及"创业网络与社会资本"这几个方向的研究相对较为热门，但远远低于"创业/创业企业理论"。因此，加强对其他方向的重视程度，促进学科研究的多样化是未来的重要任务。

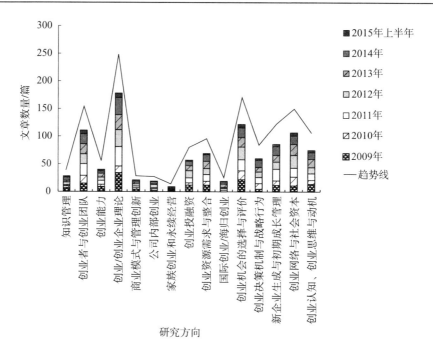

图 2-13 创业与中小企业管理各研究方向在重要国际期刊的发文统计

2.1.3 国际前沿领域及其特点

对文章内部的热点话题、领域关键字、重要主题词等进一步统计分析，有利于准确反映和提炼各学科领域在 2009~2015 年上半年出现的热点、前沿问题。因此，本部分主要利用高频主题词统计分析的方法分别对重要国际期刊中 12 个学科领域的文章内容进行深度分析，同时结合相关领域的学者研讨、专家座谈及问卷调研结果，最终提出各领域的关注热点以及在具体场景中的前沿研究课题。

具体说来，对于"战略管理"学科领域，如图 2-14 所示，绩效（performance）在此期间的研究中处于热点位置。其次是创新（innovation）与企业绩效（firm-performance），其他备受关注的热点主题词包括资源观（resource-based-view）、竞争优势（competitive-advantage）、企业家精神（entrepreneurship）、企业治理（corporate-governance）、中国（China）、决策（decision-making）以及吸收能力

（absorptive-capacity）等。

主题词	占文章总数百分比/%
performance	4.00
innovation	3.45
firm-performance	2.60
resource-based-view	2.38
competitive-advantage	2.31
entrepreneurship	2.28
corporate-governance	2.08
China	2.08
decision-making	1.95
absorptive-capacity	1.69

图 2-14　战略管理领域热点主题词及文章占比

图中字体大小与主题词词频成正比，下列各热点主题词图同此注

　　围绕这些主题词形成的研究热点课题包括：①新兴市场国家跨国公司理论与实践。随着经济全球化的深化，全球竞争格局发生了重大变化。在全球战略领域，最重要的变化来自于新兴市场国家跨国公司的兴起。而中国企业在全球市场的崛起对于现有的跨国公司理论和实证研究的范式都提出新的挑战。②全球化背景下企业并购与整合战略。在全球化背景下，中国企业走出去的战略路径与原有发达国家企业全球化的路径和条件是不同的，而企业全球化步伐的加快，需要相关战略管理理论的总结与指导。③制度转型条件下的企业战略选择与组织变革。在过去很长一段时间里，企业习惯于依赖从制度红利中获取成长机会和发展动力。但是，当前制度环境正在急剧变化，这将对企业战略成长的倾向性产生深刻的影响，企业必须进行根本性的调整与变革才能适应新的制度转型，才能追求可持续性成长。④行为战略研究。行为战略是当前战略管理研究的重要方向之一，通过这方面的研究可以进一步探寻战略管理理论的微观基础。因此，对战略管理与决策中的行为因素进行更加深入的探讨具有重要意义。⑤合作战略研究。"竞合"是 20 世纪 90 年代以来产生的重要思想，近年来，竞合的实践日趋丰富，平台战略、系统解决方案、产业链竞争等都更多地体现了合作竞争的思想。竞争与合作是一体两面，而不仅是"竞争+合作"。在中国"圈子文化"背景下，研究

竞合能够更好地挖掘中国企业管理实践中的独特问题。

对于"企业理论"学科领域，如图 2-15 所示，模型（model）在此期间的研究中处于热点位置，这与传统企业理论研究注重模型构建具有紧密关系，理论模型方面的研究未来仍将是企业理论领域研究的首要热点；创新（innovation）也是企业理论领域的研究热点，在新的技术时代沿革下，传统企业理论领域也需要在研究方法、研究模型以及基础理论等方面寻求新的突破与创新，因此，创新对于企业理论来讲至关重要。其他领域相关热点主题词包括竞争（competition）、成长（growth）、信息（information）、绩效（performance）、国际贸易（international-trade）、生产力（productivity）以及决策（decision-making）等。

主题词	占文章总数百分比/%
model	3.54
innovation	2.56
competition	2.47
growth	2.20
United-States	2.02
information	1.99
performance	1.87
international-trade	1.84
productivity	1.84
decision-making	1.60

图 2-15　企业理论领域热点主题词及文章占比

围绕这些主题词形成的研究热点课题包括：①转型背景下企业与政府的关系研究。对创新政策的讨论，必须要回溯到企业与政府在创新过程中的关系上。在国有企业改革、民营经济发展的背景下，企业与政府之间的关系对创新的影响值得深入研究。②企业与市场边界的动态演化。市场和企业边界是一个不断演化的过程，这一过程在某种程度上体现了经济改革的进程和重点领域。进一步针对该问题进行深入研究，有助于厘清未来市场边界和企业边界的演化方向，指导未来的市场化发展。③企业网络关系的动态变化和多层分析。网络组织理论研究的目的正是在于打开网络经济时代微观经济活动的组织"黑箱"。现有一些组织理论中包含着"颠覆"传统组织理论的内容，但未展现网络组织的全貌。因此，需要在这一领域进一步探索。④中国国有企业改革中的产权、制度问题。混合所有制等新的企业产权模式对企业治理提出了新的挑战。问题的解决需要在理论层面实现突破，为政策设计提供支撑。⑤企业社会责任。在当前企业转型背景下，企业社会责任的承担对于重构整个社会信任起到关键作用，对企业社会责任的研究，能更好地指导企业如何在社会利益和企业利润之间达成均衡。

"创新管理/技术创新"学科领域，如图 2-16 所示，创新（innovation）在此期间的研究中受到高度关注，占比高达 17.63%。创新管理（innovation-management）以及研究和开发（research-and-development）也受到一定关注。其他热点包括开放式创新（open-innovation）、绩效（performance）、产品开发（product-development）、专利（patents）、知识管理（knowledge-management）、技术管理（technology-management）以及技术创新（technological-innovation）等。

主题词	占文章总数 百分比/%
innovation	17.63
innovation-management	3.71
research-and-development	3.54
open-innovation	3.13
performance	2.22
product-development	1.89
patents	1.81
knowledge-management	1.73
technology-management	1.73
technological-innovation	1.65

图 2-16　创新管理/技术创新领域热点主题词及文章占比

围绕这些主题词形成的研究热点课题包括：①全球创新战略的制定及实施。随着中国经济发展，中国企业的国际地位正发生深刻变化，开始在全球范围配置创新资源。如何获取全球科技资源，如何建构全球化下的创新战略模式和路径，是中国企业创新驱动发展重要且紧迫的需求。②创新网络的构建与治理。企业的技术创新活动越来越依赖于创新网络为其提供更多有价值的资源和信息。企业技术创新网络具有网络行为主体资源与能力的异质性、行为主体创新行为的协同性、网络联系的开放动态性、行为主体创新成果共享性等特征。同时，网络组织在结构上具有典型的松散耦合特征，网络整体性与网络节点独立性特征都十分显著。③知识产权与技术标准战略。中国已经形成了一个世界上体量最大的制造业体系，但支持庞大体系的原创技术基础比较薄弱，基于知识产权和标准的技术竞争力不强。技术创新战略、知识产权战略和技术标准战略三者密切相关，技术标准战略的制定是以大量的知识产权为支撑的，知识产权战略的基石则是技术创新。④商业模式创新。企业创新能力的一个重要方面就是资源的整合能力。单一的技术突破越来越难于产生直接的商业效益，只有构建恰当的商业模式，将各类创新主体和资源整合在一起，才能真正实现创新的突破。⑤技术型创业路径及成长模式。技术创业已成为科技成果商业化的重要方式，是科研成果、技术知识和企业活动相结合并转化为新产品、新服务的桥梁和载体。技术创业对于推动地区经济持续增长、提高地方经济活力、加速科技成果产业化、促进企业转型升级等具有重要的理论与现实意义。

对于"组织行为与组织文化"学科领域，如图 2-17 所示，领导力（leadership）在此期间备受关注，在组织行为研究领域，领导力作为一个重要命题已经被持续研究近百年之久，但是随着时代的不断变迁，不同背景下的领导力内涵与外延也在动态演变，所以未来若干年，领导力仍将是研究的热点；绩效（performance）也是该领域关注的热点之一，在组织行为研究领域，关注企业、个人的绩效问题由来已久，绩效作为组织有效性、个人效能的直接输出，未来仍然值得重点关注；此外，变革型领导（transformational-leadership）也受到较高关注。其他热点主题词包括组织公民行为（organizational-citizenship-behavior）、个性（personality）、工作绩效（job-performance）、创造力（creativity）、工作满意度（job-satisfaction）、信任（trust）以及苛责式管理（abusive-supervision）等。

围绕这些主题词形成的研究热点课题包括：①基于意义追寻的工作动机研究。当今中国社会大部分工作的目的主要还是在于经济利益和自我价值的体现，而从人的终极关怀角度来审视工作的研究还很少。其中的关键是以往的动机研究较为忽略意义追寻这一维度，而真正持久内在

主题词	占文章总数百分比/%
leadership	8.50
performance	3.73
transformational-leadership	3.23
organizational-citizenship-behavior	2.55
personality	2.50
job-performance	2.41
creativity	2.27
job-satisfaction	2.09
trust	1.91
abusive-supervision	1.91

图 2-17 组织行为与组织文化领域热点主题词及文章占比

的动机一定离不开意义的追寻。②创新与创造力的系统研究。创新已成为中国发展的重要战略，提高组织的创新能力和水平成为当务之急。而员工（个体）和工作团队层面的创造力是组织创新的根本源泉，与此同时，员工和团队又是在特定的组织和文化情境下开展创新活动的，因此，个体创造力与组织创新是不可分割的互动系统。③员工情绪生产力研究。近年来，雇佣关系管理研究不断深化，已涉及诸如提升雇员的身心健康与情绪管理能力，心理耐受性与自我心理修复能力，提高雇员的情绪生产力（emotional productivity），改进雇员工作绩效，改善企业组织内、外部沟通环境等方面。④组织氛围研究。其主要探讨组织公平、组织情绪及文化等对绩效、组织承诺和组织公民行为的影响，如公平的前因和公平的决定因素，提升工作—家庭平衡对健康、心理契约公平感、职业发展和组织绩效的影响等。⑤工作团队相关研究。团队管理模式已经成为众多企业主流管理模式，也是组织行为领域研究的重点之一，相关课题主要包括探讨团队构成、合作机制、团队满意度、团队冲突、信任以及提高团队绩效、团队创新和团队效率的前因变量、调节变量与中介变量等，如团队内部多样性（diversity）、团队知识共享、团队学习及创造力等。

对于"人力资源管理"学科领域，如图 2-18 所示，人力资源管理（HRM）在此期间的研究中处于热点位置，占比达到 9.08%。其次是中国（China），近年来，随着中国企业规模和数量的整体跃升，中国企业在国际上拥有越来越大的话语权，国际上越来越多的学者开始关注中国情景下的人力资源管理相关研究课题，"中国"背景下的人力资源管理将产生世界影响力；此外，工作满意度（job-satisfaction）作为人力资源研究领域的一个核心构念，也是学界普遍关注的热点。其他热点主题词包括职工流动率（turnover）、企业绩效（firm-performance）、绩效（performance）、工作—家庭冲突（work-family-conflict）、心理契约（psychological-contract）、人力资本（human-capital）以及培训（training）等。

主题词	占文章总数百分比/%
HRM	9.08
China	3.83
job-satisfaction	3.40
turnover	2.70
firm-performance	2.62
performance	2.55
work-family-conflict	2.48
psychological-contract	2.41
human-capital	2.34
training	2.13

图 2-18　人力资源管理领域热点主题词及文章占比

围绕这些主题词形成的研究热点课题包括：①转型变革期的劳动雇佣关系管理。在企业转型变革过程中，不同身份的员工待遇、福利、保障等的差距较大，造成人与人之间的不公平，雇佣关系管理是社会转型时期重要的学术和实践课题。②工作—家庭关系管理。工作和家庭是人们重要的两个角色领域。在互联网时代，工作与家庭之间的相互渗透更为频繁，员工工作角色与家庭角色之间的冲突、平衡、促进、融合等反映着社会发展、技术演变、生活形态，同时也体现着幸福等终极价值的实现。③跨国人力资源管理。随着全球经济一体化的不断推进，越来越多的中国企业开始走出国门，开展国际经营，但在国外遇到的劣势和风险也很大，其中很重要的一个原因是中国缺乏一定规模的、高质量的国际化经营人才。一方面，中国还没有形成完备的、真正适应全球化环境的国际化人才培养体系；另一方面，企业还没有对国际化人力资源的管理形成系统认知。如何规划、招聘、培训并开发国际化人力资源是亟待解决的问题。④特殊员工管理。新生代员工面临价值观冲突、身份认同危机、工作转换等严重问题，了解他们的文化、价值观、行为心理等，找到行之有效的管理办法是关键所在。⑤新兴信息技术背景下人力资源管理理论与方法研究。新兴信息技术的发展与广泛应用，正在改变人们的工作和生活方式，也正在改变组织佣工方式和组织模式。远程办公、虚拟团队等工作方式正在涌现，员工工作配置、工作时间、任务履行等越来越呈现在虚拟情境下。如何招聘、开发、评价、激励和留住虚拟组织或团队员工是现代人力资源管理中的重要内容，也是一个严峻挑战。

对于"公司财务与金融"学科领域，如图 2-19 所示，公司治理（corporate-governance）在此期间受到较多关注。其次是流动性（liquidity）以及财务风险（financial-crisis）。其他热点主题词包括资本结构（capital-structure）、资产定价（asset-pricing）、股票收益（stock-returns）、信用风险（credit-risk）、市场效率（market-efficiency）、波动性（volatility）以及共同基金（mutual-funds）等。

主题词	占文章总数 百分比/%
corporate-governance	4.33
liquidity	3.00
financial-crisis	1.62
capital-structure	1.55
asset-pricing	1.20
stock-returns	1.13
credit-risk	1.07
market-efficiency	0.98
volatility	0.98
mutual-funds	0.95

图 2-19　公司财务与金融领域热点主题词及文章占比

围绕这些主题词形成的研究热点课题包括：①互联网时代公司的信息披露和传播方式及其财务行为与决策研究。主要聚焦于揭示移动互联网时代，公司的信息披露和传播方式如何影响资本市场的股票价格和债券价格，以及资本市场上投资者的反应，或股价与债价的变化如何影响公司财务政策。探索互联网时代"财务信息与决策披露–资本市场反映–财务政策调整"的相互关系及新媒体时代的新问题、新特征、新行为等。②互联网时代的信息传播与资本市场行为研究。主要聚焦于揭示互联时代的自媒体如何影响投资者行为和管理者行为，从而影响资产定价、交易行为和公司财务行为的新特征与新规律，进而为资本市场的宏观预警、制定更有效的监管政策和监管手段提供支持。③企业的商业模式、财务特征与财务政策选择。主要聚焦于揭示企业商业模式对财务政策和经营绩效的影响，以及企业投融资行为与商业模式、竞争战略间的复杂关系。从理论上探讨和揭示企业的商业模式与财务政策选择之间的关系，以及商业模式的竞争优势如何影响公司的财务绩效，并进一步推动企业商业模式的变革，将兼具理论创新与商业实践价值。④高成长企业的公司治理与财务行为问题研究。主要是以网络经济环境下涌现出的大量高速成长的企业为对象，探讨和研究高成长企业的治理特征、影响因素、治理模式的形成机制、治理特征或治理模式与财务行为之间的关系及其经济后果等。⑤风险投资、公司财务与资本市场的相互关系研究。主要聚焦于探讨风险投资对创业企业成功上市的影响以及 IPO 折价率、IPO 择机、IPO 后股票长期表现等，风险投资入驻创业企业后对企业财务政策、科技创新、公司治理结构及其生产率的影响，揭示影响公司业绩的因素等。⑥宏观经济政策与公司财务行为。主要聚焦于宏观经济政策（包括经济周期、财政政策、货币政策、信贷政策、汇率政策、经济管制政策、产业政策等）如何影响公司财务行为的研究，有关宏观经济政策对公司财务行为的影响机制研究已有重要进展，需要进一步深入。

对于"会计与审计"学科领域，如图 2-20 所示，收益管理（earnings-management）在此期间的研究中处于热点位置，作为会计与审计领域的经典课题之一——收益管理方向的研究在未来仍将成为研究的热点；公司治理（corporate-governance）和会计（accounting）也是普遍关注的热点。其他领域相关热点主题词有审计质量（audit-quality）、披露（disclosure）、审计费用（audit-fees）、收益质量（earnings-quality）、审计（auditing）以及自愿披露（voluntary-disclosure）等。

主题词	占文章总数百分比/%
earnings-management	5.69
corporate-governance	4.02
accounting	3.02
audit-quality	2.84
United-States	2.30
disclosure	1.94
audit-fees	1.94
earnings-quality	1.90
auditing	1.76
voluntary-disclosure	1.71

图 2-20　会计与审计领域热点主题词及文章占比

围绕这些主题词形成的研究热点课题包括：①大数据时代的会计信息披露、传播及其作用。资本市场上可获得的与上市公司相关的海量信息中，大部分信息为文本类信息。文本类信息对于投资者了解公司的经营状况、财务状况、管理层状况、公司未来的发展，以及做出正确的决策，具有重要的支持作用。目前还较少有研究对上市公司文本信息进行大样本的分析、归纳、提炼和总结。②新商业模式、国际贸易、金融机构等行业和场景下的会计问题。新的商业环境、商业模式的产生和变化形成了对会计研究新的需求。例如，互联网金融的发展、中国的国际贸易环境的变化、国际性贸易组织作用的变化，金融行业的发展等都对这些新的行业和新的场景下的会计问题提出了新的研究需求。③会计在宏观经济预测中的作用。会计不仅仅在微观的企业层面可以发挥作用，在宏观经济的预测中也同样存在影响。在中国的文化、政治、经济等环境下，会计信息是否能在宏观经济预测中发挥作用以及如何发挥作用是今后重点关注的课题。④会计准则演变。会计准则是最近几年国际领域都广为关注的话题。目前，IFRS（International Financial Reporting Standards，即国际财务报告准则）被广为采用，但美国依然坚持本国准则，我国也在国际化与中国特征之间徘徊。如果能够在会计准则方面展开进一步研究，将对我国会计准则的制定具有一定的政策意义。⑤非营利组织的会计、治理以及监管问题等相关问题。

对于"市场营销"学科领域,如图 2-21 所示,消费者行为(consumer-behavior)在此期间受到学者们的高度关注,占比高达 13.88%。作为企业产品(或服务)价值的最终接受者,消费者的行为无疑是企业极其重要的关注点。探究消费者在信息获取、渠道选择、购买行为、购后评价等方面的行为特征,能够有效指导企业设计与实施营销策略。因此,和消费者行为相关的研究也得到学界的普遍关注,如顾客态度(consumers-attitudes)、顾客研究(consumer-research)、顾客偏好(consumers-preferences)、决策(decision-making)以及客户满意度(customer-satisfaction)等。其他领域相关热点主题词包括广告(advertising)、营销(marketing)、消费经济(consumption-economics)等。

主题词	占文章总数百分比/%
consumer-behavior	13.88
research	8.43
consumers-attitudes	5.71
consumer-research	5.55
advertising	5.06
consumers-preferences	5.03
decision-making	4.64
marketing	3.47
consumption-economics	3.34
customer-satisfaction	3.02

图 2-21 市场营销领域热点主题词及文章占比

围绕这些主题词形成的研究热点课题包括:①数据驱动的营销问题研究。大数据分析在营销实践中的应用越来越广泛,应用价值也越来越突出。定量营销研究的实质领域主要聚焦于社会化媒体、社交网络以及大数据对消费者行为和企业营销战略的影响,包括利用大量的新型数据〔社交媒体数据、路径数据(path data)、移动通信数据等〕研究消费者决策过程、社会互动、企业的营销策略和客户关系管理等。②全球化与互联时代背景下的营销课题。例如,市场中各利益攸关方的依赖与共赢、均衡多利益攸关方的营销战略对投资者(公司价值)、运营、雇员等的影响、营销与金融互动、营销与运营互动等。③网络时代的用户行为和商业模式创新。基于网络技术的各类产品和服务正日益对用户行为和传统行业带来巨大的挑战和机遇。具体的研究关注点有：用户在移动互联时代的渠道迁移与全渠道行为规律，移动互联网时代线上、线下企业全渠道融合的商业模式创新，社会化媒体企业与客户的价值共创等。④消费者对信息处理的研究。主要研究消费者在决策过程中对相关信息的获取、认知和处理机制及其对决策的影响。其中的三大热点方向包括知识可得性及其对决策行为的影响，感官知觉、具身认知与感官营销对消费者购买决策行为的影响机制以及消费者推断方面的归因、思维捷径、偏差及其解释水平理论等。⑤人际与社会影响。主要研究人际与社会因素影响消费者的信息处理、自身情绪和目标及其决策行为的机制与原理。其热点聚焦在伙伴和陌生人对消费者行为的影响，社会比较与社会排斥以及文化等对消费者行为的影响方面。

对于"运作管理/物流与供应链管理"学科领域，如图 2-22 所示，供应链管理（supply-chain-management）在此期间的研究中处于热点位置。其次是库存（inventory）和定价（pricing）。其他热点主题词包括供应链（supply-chain）、博弈论(game-theory)、收益管理(revenue-management)、排程调度（scheduling）、生产（production）、库存管理（inventory-management）以及动态规划/最优化（dynamic-programming/optimal-controlling）等。

主题词	占文章总数百分比/%
supply-chain-management	6.48
inventory	3.88
pricing	3.66
supply-chain	3.30
game-theory	2.34
revenue-management	2.27
scheduling	1.83
production	1.76
inventory-management	1.69
dynamic-programming/optimal-controlling	1.61

图 2-22　运作管理/物流与供应链管理领域热点主题词及文章占比

围绕这些主题词形成的研究热点课题包括：①传统经典研究方向的

深度理论创新与新方法借鉴。主要包括供应链管理中的供应链协调与协同、供应链优化、物流管理与调度、动态优化/规划、博弈论理论与方法的引进，以及基于经济学、金融学、行为科学相关理论的分析等；运作管理中的库存管理、定价、收益管理、生产计划与调度、排程调度、动态规划以及行为运作管理等。②信息技术尤其是大数据和电子商务对运作管理和物流供应链管理影响的研究。基于市场与客户大数据的运营调度与优化、大数据支持的商业模式创新运作管理决策、电子商务环境下的物流调度与优化、信息共享的供应链管理创新模式、大数据驱动的供应链优化与客户关系协调等。③与其他学科的借鉴和交叉研究。供应链金融、与营销科学交叉的渠道管理及供应商/客户关系管理、与行为科学交叉的物流系统和供应链中不同利益主体行为的研究以及大数据与智能技术驱动的运作管理、智能物流等。④行业应用衍生的新理论与新方法研究。医疗运作管理与医疗物流/供应链优化、突发和应急事件的调度优化与物流供应及与新兴电子商务和商业模式匹配的运作/物流/供应链的调度优化等。

对于"企业信息管理"学科领域，如图 2-23 所示，商务智能分析方法（BI-tools）是此期间研究的热点所在，占比高达 9.65%，反映出商务智能关键技术对于企业信息管理的已经产生了重要影响。大数据框架（big-data-frameworks）也受到普遍关注，占比达到 7.71%。其他热点主题词包括网络挖掘（web-mining）、信息检索（information-retrieval）、数据挖掘（data-mining）、机器学习（machine-learning）、安全与隐私（security-and-privacy）、图像分析（graph-analysis）、社会网络（social-networks）以及文本挖掘（text-mining）等。

围绕这些主题词形成的研究热点课题包括：①IT 使能（IT-enabling）的管理创新理论与方法。理论上来讲，企业制定战略有资源逻辑、游击战逻辑和复杂性逻辑。然而随着 IT 技术与企业管理的融合度不断增强，这些基础理论背景已经发生了根本性的变化，"生态型"而非"机械型"企业观点已经得到许多人的支持，"生态型"企业的新型战略理论、发展模式及演化机制必然成为未来研究的重点。此外，现在的员工喜欢自主管理、团队协同、破除边界、去中心化等，这是社会化媒体所带给员工的行为影响。优秀的企业需要适应这种企业内部社会化管理的机制。

主题词	占文章总数百分比/%
BI-tools	9.65
big-data-frameworks	7.71
wed-mining	6.87
information-retrieval	6.02
data-mining	4.96
machine-learning	4.61
security-and-privacy	3.73
graph-analysis	3.59
social-networks	3.27
text-mining	2.75

图 2-23　企业信息管理领域热点主题词

因此，基于 IT 的社会化管理理论、机制和方法值得研究。②平台生态系统价值共创机理与商业模式创新。商业生态系统的出现使人们能通过快速的数据整合和分析，形成新的洞察力。因此，综合应用多边市场理论、产业经济学、市场营销理论、行为科学以及战略管理等理论知识，深入探讨生态系统中的价值共创机制，以及围绕价值共创构建的商业模式及其创新机理就成为今后研究的前瞻性科学问题。③社会化商务和移动商务。社会化商务和移动商务的快速发展引起了业界和学术界的高度关注。随着社交网络应用的日益普及，利用社交网络营销、广告、宣传乃至直接交易的商业活动越来越多。但是在研究方面，国内与国外仍然存在较大差距。因此，需要进一步深入探究相关问题，如社会化商务中商业模式与大数据的协同演进，社会化商务中包含的社会网络结构、社会行为影响、口碑传播等理论和现实问题，大数据背景下移动商务模式等。④大数据研究议题。近两年，大数据的概念不断渗透普及，大数据已经成为一个兼具理论和实践意义的重要课题。这方面的相关研究方向包括：企业内外部数据融合与集成应用，基于商务分析（business analytics，BA）使能的企业核心能力构建，通过大数据分析更好地了解客户、业务和竞争，面向数据商务的创新与转型升级等。

对于"服务管理"学科领域，如图 2-24 所示，服务质量（service-quality）在此期间的研究中处于热点位置，占比达到 14.29%。顾客满意度（customer-satisfaction）也受到普遍关注，占比达到 11.61%。此外，服务创新（service-innovation）也是一个热点。其他热点主题词包括健康服务（health-services）、顾客忠诚（customer-loyalty）、顾客行为（customer-behavior）、服务补救（service-recovery）、客户关系（customer-relationship）、客户服务（consumer-services）以及客户管理（customer-management）等。

主题词	占文章总数 百分比/%
service-quality	14.29
customer-satisfaction	11.61
service-innovation	7.87
health-services	7.55
customer-loyalty	6.55
customer-behavior	4.18
service-recovery	3.62
customer-relationship	3.56
consumer-services	3.37
customer-management	3.06

图 2-24　服务管理领域热点主题词

围绕这些主题词形成的研究热点课题包括：①医疗与健康服务管理。医疗资源的合理配置是医疗服务公平与效率的重要体现。在医疗资源配置方面，考虑患者行为特征的医疗资源配置在线优化的研究目前仍然较少。②新技术环境下的服务营销理论研究。服务营销理论以往主要关注人际服务，随着新兴技术应用的普及，服务模式和消费行为正在发生巨大变化。研究新技术环境下的服务偏好和选择、服务体验和服务质量、动态和人机互动的服务模式、平台型企业的服务模式和生态环境的构建、顾客全程参与的服务价值创造等具有重要的理论和现实意义。③"大数据"时代服务业信息化。利用大数据分析技术，对在线推荐服务的数据获取、模型构建进行深入研究，构建实时服务概念框架，服务于网络用户，具有重要的理论和实践意义。④服务创新研究。服务创新是一个受制度、组织文化和社会环境综合影响的活动。服务创新活动与制造业的创新活动差别很大，学者们对制造业的创新能力已有较为全面深入的研究，但对服务企业创新能力的特性、内容、影响创新服务提供的因素和驱动机理还缺乏细致的研究。⑤服务体验研究。五感体验是传统服务的一项重要体验，电子服务等形式的出现和普及使得多种感官体验消失，但是消费者似乎并没有因为这种缺失而减少购买和使用行为。所以，研究该背景下消费者的购买和使用行为影响机制成为需要重点探索的问题。

对于"创业与中小企业管理"领域，如图 2-25 所示，企业家精神（entrepreneurship）是此期间学者们关注的热点，占比达到 20.70%。其次是创业导向（entrepreneurial-orientation）和绩效（performance）。其他热点主题词包括企业绩效（firm-performance）、企业家（entrepreneurs）、公益创业（social-entrepreneurship）、协同创业（corporate-entrepreneurship）、创新（innovation）、人力资本（human-capital）以及国际创业（international-entrepreneurship）等。

主题词	占文章总数百分比/%
entrepreneurship	20.70
entrepreneurial-orientation	4.80
performance	3.84
firm-performance	3.52
entrepreneurs	2.99
social-entrepreneurship	2.88
corporate-entrepreneurship	2.77
innovation	2.77
human-capital	2.77
international-entrepreneurship	2.35

图 2-25　创业与中小企业管理领域热点主题词

围绕这些主题词形成的研究热点课题包括：①国际创业理论研究。国际创业成为当前创业研究的一大热点领域，因其创业过程跨越了不同的制度环境，突破了传统创业的地域限制，产生了新的创业研究问题。②创业网络对新创企业发展的作用及影响机理。新创企业的生存和成长是不断建构、维持和治理外部交换网络的过程。嵌入于组织间网络的新创企业如何建构自身的商业模式，这种商业模式随着网络中利益相关者与新创企业的关系博弈又发生了一定变化。其影响机理涉及创业战略、利益相关者战略、行为战略、战略过程以及组织网络等多个议题。③企业成长机理研究。关于公司成长的研究,目前主要聚焦于新企业生成与初期成长的内在机理和外在战略研究。但是仅仅限于成长初期的研究是不够的,而应该拓展到成长中后期的发展,因为不同企业有不同的成长轨迹或规律,遇到的问题也相异,这需要长期关注或跟踪一个企业,才会有所发现。④创业生态系统研究。需要重点关注创业主体间和创业主体与创业平台间相互协作、共赢、共生关系,以及创业生态系统的构成要素、运作机理和平台机制等。⑤创业认知与创业思维。从科学层面探讨创业认知和创业思维的维度、机制和过程,是亟须解决的研究课题。例如,不确定条件下的创业认知与思维过程规律研究。不确定性已经成为当今环境主流,但如何应对不确定性却一直是理论和实践关注的难题。

2.2 国内发展现状与热点

2.2.1 各学科领域发展

与国际期刊的遴选类似,根据学科共识以及期刊的国内认可度、权威性,由各学科领域相关专家(学术骨干/学科带头人)确定出该领域重要国内期刊,对这些国内重要期刊的分析将对国内学术动态的把握和方向的指引有一定参考价值。最终,12 个领域共确定 32 个重要国内期刊[114~145]。这些国内期刊涵盖了 2009 年到 2015 年上半年相关文章,总数 15 000 余篇,通过辨识出文章的热点话题、领域关键字、重要主题词等(共约 22 000 个),可以进一步分析文章的具体内容和研究情境,以利于更深入地了解这些学术成果的内涵和联系。

具体说来,对于"战略管理"学科领域,如图 2-26 所示,"公司层战略""知识与创新战略""利益相关者战略"三个方向在国内受到学者们的普遍关注,其发表文章所占比例较高;其次是"组织网络与学习",也受到国内学者一定程度的重视。其余几个研究方向在 2009~2015 年上半国内期刊的发文占比均较小。

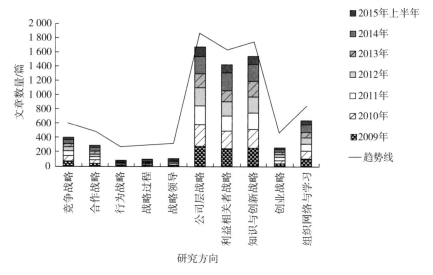

图 2-26　战略管理各研究方向在重要国内期刊的发文统计

对于"企业理论"学科领域,如图 2-27 所示,"公司治理理论"以及"企业与产业组织理论"的相关研究在此期间的累计发文比例最高,受到了国内学者的高度关注。紧随其后的是"企业产权与制度理论""企业与产业政策""企业边界与交易成本理论"相关议题,每年的文章比例也较高。此外,在学科交叉方面,"企业与国际贸易理论"、"跨国企业与跨国投资理论"、"组织变革理论"及"信息理论与企业"方向的文章比例较小。因此,国内学者在未来需要重点关注交叉方向的前沿研究,同时,国家也需要进一步加强对企业理论与其他学科交叉研究课题的支持。

对于"创新管理/技术创新"学科领域,如图 2-28 所示,整体看来,首先,各个研究方向的研究规模在国内相对较为均衡。其中,"一般理论与方法"和"研发管理"是该领域内在此期间的热点研究方向,累计发文比例最高。相比较而言,"商业模式创新""技术型创业""案例""技术转移"的研究是较为薄弱的方向,发文比例处于较低的水平。其次,其余几个方向,如"创新网络/联盟、协同创新""创新模式""知识管理""产业/技术""创新制度与文化"等则保持中等水平,并且每

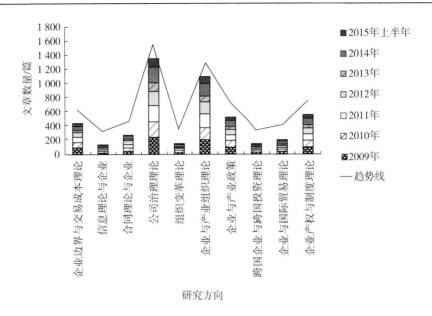

图 2-27　企业理论各研究方向在重要国内期刊的发文统计

年的发文比例大体相当。这说明了学术研究与管理实践仍然存在一定差距和滞后性,协同创新、商业模式创新等业界新兴创新模式应该得到进一步关注。

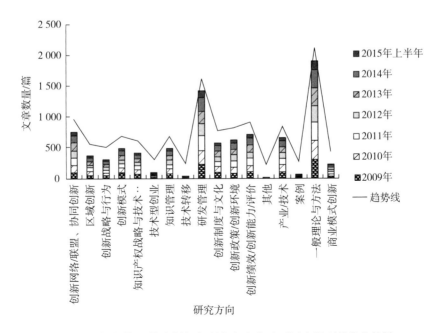

图 2-28　创新管理/技术创新各研究方向在重要国内期刊的发文统计

对于"组织行为与组织文化"学科领域，如图 2-29 所示，"组织行为与组织文化"领域在国内研究方面与国际动态有较大不同，虽然"个体动力机制"仍然是此期间累计发文总量最多的方向，但其优势已经不特别明显。除了另外几个主流方向（"团队/组织过程与效能""个体与组织创造力与创新""领导与追随力"）与国际研究方向一致外，最大的不同是"组织学习与变革管理"在国内学界受到了较大的关注，发文总量仅次于"个体动力机制"，这也说明中国企业组织面临的具体情境与国际有着较大差异，企业面临着巨大的红海竞争压力，环境也急速变化，如何适应、如何求得生存成为各企业需要考虑的关键问题。

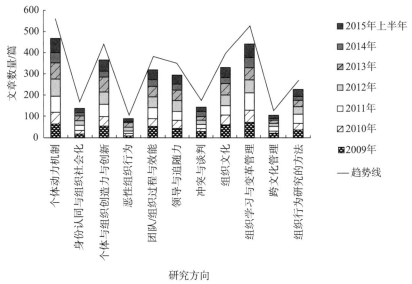

图 2-29　组织行为与组织文化各研究方向在重要国内期刊的发文统计

对于"人力资源管理"学科领域，如图 2-30 所示，国内学术人员在普遍关注"人力资源战略"的同时，更加重视对于"薪酬与绩效评价""特定员工管理"的相关研究，"互联网以及全球化背景下的 HRM"问题也很受关注，但"HRM 与企业续存"的研究相对较少。这种国内外学术研究的差异体现了国内国际所面临的不同的组织情境，反映了企业与学者们不同的关注点，也说明很有必要探讨"人力资源管理"在不同情境下的发展特点与趋势，进而扬长避短，丰富研究成果的多样化。

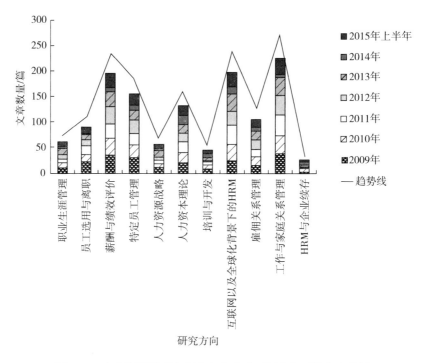

图 2-30　人力资源管理各研究方向在重要国内期刊的发文统计

　　对于"公司财务与金融"学科领域，如图 2-31 所示，其在各个研究方向上的发文数量及趋势与国际方面有一些差别，但主流研究方向基本一致。例如，"资产定价"仍然是每年发文数量最多的研究方向；"公司治理"在国内每年的发文数量处于波动状态；除了三大主流方向（"资产定价""公司治理""融资决策"）之外的其他研究方向受到关注，如对"金融危机""公司财务与社会网络"等的相关研究相对于国际发文数量有所提高。

　　对于"会计与审计"学科领域，如图 2-32 所示，各研究方向发展趋势与国际基本一致，但也存在个别不同，如国内更加关注"会计信息与公司治理"，而国际最受关注的"会计信息与资本市场"退居第二位，此外，国际普遍关注的"会计选择与盈余管理"以及"信息披露"等方向，在国内关注度一般。对于"成本系统"、"预算管理"及"政府审计"等方向，与国际类似，国内关注度较低。

　　对于"市场营销"学科领域，如图 2-33 所示，其主流研究方向与国际整体研究基本一致，"消费者心理和行为"方面的研究同样是每年发

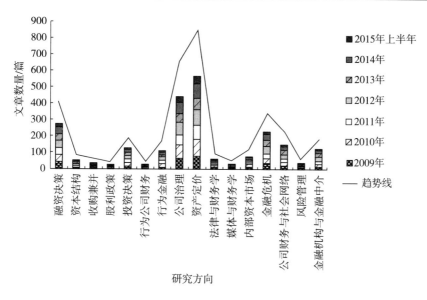

图 2-31　公司财务与金融各研究方向在重要国内期刊的发文统计

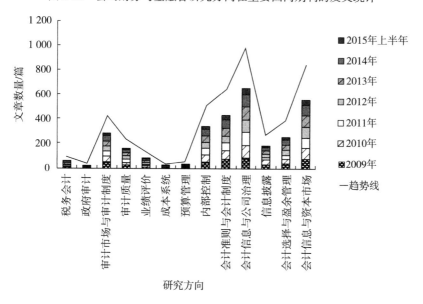

图 2-32　会计与审计各研究方向在重要国内期刊的发文统计

文数量占比最大的研究方向。但与国际的发文热点不同的是，"营销战略和营销管理"这一经典方向在国内的发文数量仍然较多，仅次于"消费者心理和行为"。对上述两大方向的重点关注，形成了国内营销领域的研究重点突出的特色。

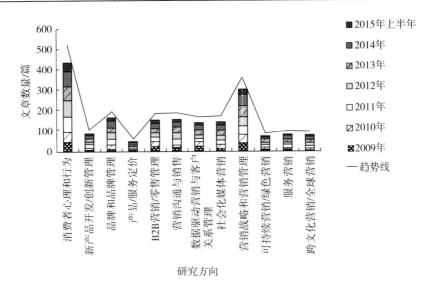

图 2-33   市场营销各研究方向在重要国内期刊的发文统计

对于"运作管理/物流与供应链管理"学科领域，如图 2-34 所示，其各研究方向与国际整体研究基本一致，经典的研究方向仍然占据主流。但在对新兴行业、学科交叉的新动向方面，相比之下国内学者关注度不高，发文数量明显低于国际水平。

对于"企业信息管理"学科领域，如图 2-35 所示，其主流研究方向与国际整体研究趋势基本一致，但在个别研究方向存在差异。例如，"信息资源管理"这一经典研究方向在国内仍然占据最主要位置；而在新兴研究方向方面，基于中国蓬勃发展的电子商务背景，"互联网与电子商务创新"在国内则广受关注。

对于"服务管理"学科领域，如图 2-36 所示，其主流研究方向与国际研究整体态势基本一致，不过也存在若干研究方向的相异。例如，国内研究更加注重"服务设计开发"，而且，"服务创新"在国内也更受关注；当然，国内关于"公共服务"与"信息服务"方面的成果较少，这与国际上的情形类似。

对于"创业与中小企业管理"学科领域，如图 2-37 所示，与国际研究趋势相同的是，"创业/创业企业理论"始终是学者们关注的热点方向，在学科整体研究中遥遥领先。对于国际关注的热点方向"创业者与创业团队""创业机会的选择与评价"，国内研究队伍也给予重点关注，而

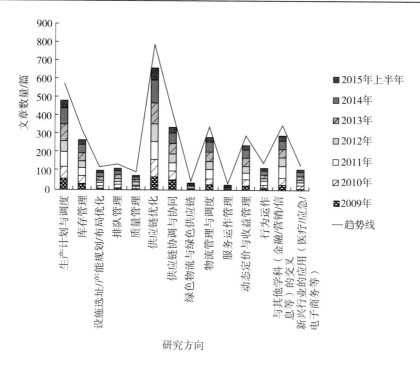

图 2-34 运作管理/物流与供应链管理各研究方向在重要国内期刊的发文统计

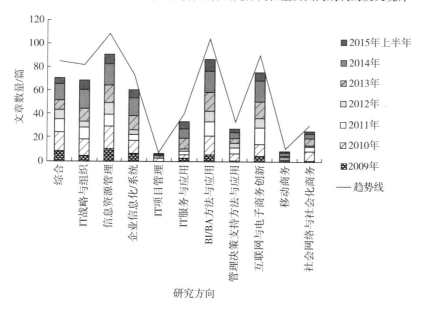

图 2-35 企业信息管理各研究方向在重要国内期刊的发文统计

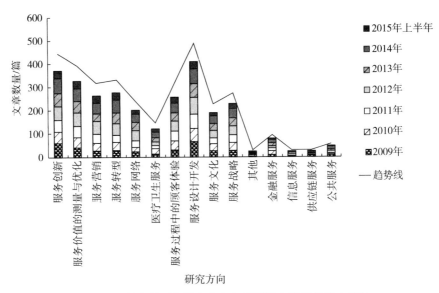

图 2-36　服务管理各研究方向在重要国内期刊的发文统计

且同时开辟了新的研究视角，加强了对"创业资源需求与整合""创业
认知、创业思维与动机"等相关研究的关注。

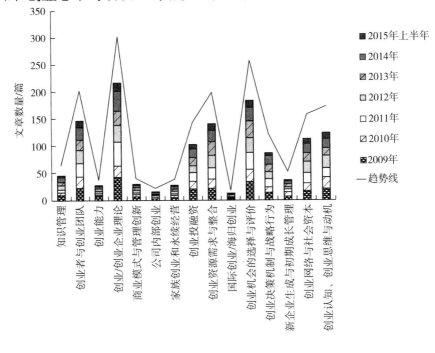

图 2-37　创业与中小企业管理各研究方向在重要国内期刊的发文统计

2.2.2 国内学科发展特征及热点问题

概括说来，国内各学科发展特征和领域研究热点主要体现在如下几个方面：

第一，总体看来，国内外学者的研究兴趣共性大于差异性，一些国际上主流的研究方向在国内也仍然是热门话题。例如，互联网的渗透和普及改变了企业参与竞争的市场格局，财务与金融学者对移动互联时代的信息传播与资本市场行为研究投入了极大热情。同时，大数据相关议题也引起了国内外学者的广泛关注，包括大数据环境下社会化商务和移动商务等研究议题、基于数据驱动的运营管理研究和营销问题相关研究；医疗与健康服务管理也是多个领域的学者共同关注的一个方向；战略管理和创新管理领域的学者对企业成长机理、企业创新生态及企业网络关系的动态变化等方面进行了广泛研究，与此同时，由于中国面临着经济体制改革、产业融合等大背景，国内学者在如何构建适合中国国情的创新生态与组织创新的理论模型方面更有兴趣。

第二，基于中国管理实践的课题研究得到国内学者较多的关注。中国经济的快速增长和在国际经济中的影响力日益增强，无论是引进性理论创新还是探索性理论创新，其关键的突破口都在于把握中国情境的关键特征，并在此基础上实现情境理论化。例如，首先，中国具有独特的文化传统，包括儒家文化、关系社会、隐形契约等，因此研究传统文化对管理实践的影响成为国内学者与国际学者研究兴趣的差别所在。其次，中国经济在特殊的转型时期，政府对经济的强干预也是中国独有的特点，因此，政府对企业的影响机制有待深入挖掘。在中国特色社会主义市场经济条件下的企业如何处理好企业和市场、企业和政府的关系成为国内学者重点关注的问题。最后，中国家族企业的治理与传承研究也成为学者的关注焦点，与国外家族企业不同，中国的家族企业大都处于创业守业阶段。中国家族企业的生存空间、发展问题、投融资渠道、治理问题、企业传承问题，与国外存在较大差异，应该得到重视。

第三，一些新兴的前沿热门话题在国内的起步较晚。例如，医疗信息化作为一个关乎民生的重点课题在国外已经形成成熟的研究体系并取得一系列成果,而国内目前在该领域的研究仍然处于起步阶段;企业信息管理领域中,商务智能深度分析和应用在国际上已经成为主流,每年的发文占比都达到半数以上,而对比国内,虽然也是主要研究方向之一,但占比和国际仍有较大差距,"信息资源管理"(包括信息基础设施、云平台、开放式数据等)这一经典研究领域在国内仍然占据最主要位置。

2.3 国内外重点领域对比分析

在分别描述和分析国际、国内工商管理学科各学科领域发展现状的基础上,进一步分析国内外各学科领域发展态势的异同也具有重要的参考价值,将有利于发现国内工商管理学科发展的优势、劣势以及机遇所在。

具体说来,对于"战略管理"学科领域,通过图 2-2 和图 2-26 的对比可以发现,该领域国内外各研究方向整体发展模式具有一定差异,具体体现为一些研究方向在国内外受关注程度存在差异。从图 2-38 可以看出,"组织网络与学习"方向国际研究受重视程度稍高于国内,而在"战略领导"、"战略过程"及"行为战略"等方向,国际研究关注度远高于国内,值得国内学者重视。

对于"企业理论"学科领域,通过图 2-3 和图 2-27 的对比可以发现,该领域国内外各研究方向整体模式基本一致,但部分研究方向也存在差异。如图 2-39 所示,"跨国企业与跨国投资理论"和"信息理论与企业"方向国际受关注度要明显高于国内,同时,"组织变革理论"和"企业与国际贸易理论"方向国际重视程度也要稍高于国内。

对于"创新管理/技术创新"学科领域,通过图 2-4 和图 2-28 的对比可以发现,该领域国内外各研究方向整体演进模式基本相同,但个别方向国内外受关注程度存在较大差异。从图 2-40 可以看出,"创新绩效/创新能力/评价"方向国际研究关注度高于国内,而在"研发管理"与"创新网络/联盟、协同创新"方向,国内研究给予更多关注。而在"技术型创业"方向,国内外关注程度普遍偏低。

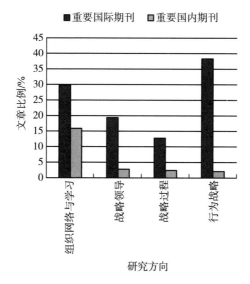

图 2-38　战略管理国内外期刊文章研究方向分布比较

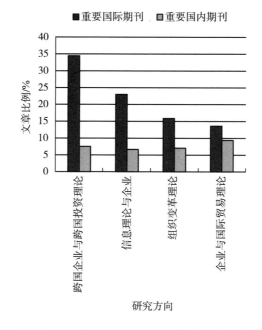

图 2-39　企业理论国内外期刊文章研究方向分布比较

对于"组织行为与组织文化"学科领域,通过图 2-5 和图 2-29 的对比可以发现,该领域国内外各研究方向发展模式基本一致,但个别研究方向仍然存在一定差异。从图 2-41 可以看出,国内在一些经典的研究方

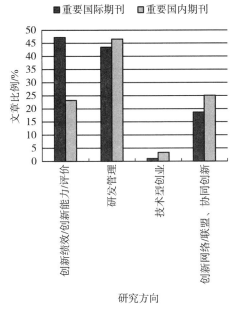

图 2-40 创新管理/技术创新国内外期刊文章研究方向分布比较

向上保持一定优势,如"组织学习与变革管理"及"组织文化"研究方向,国内受关注程度要高于国际。而在"个体动力机制"研究方向,国内和国际都寄予高度关注。对于"恶性组织行为"国内外整体研究关注度不高。

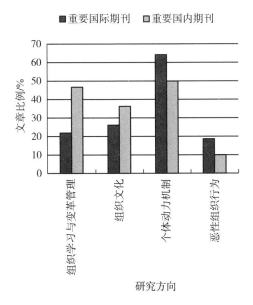

图 2-41 组织行为与组织文化国内外期刊文章研究方向分布比较

对于"人力资源管理"学科领域，通过图 2-6 和图 2-30 的对比可以发现，该领域国内外各研究方向整体发展模式存在一定差异。进一步分析相关方向在国内外受关注程度的异同，如图 2-42 所示，国内更加关注有关薪酬、绩效以及员工管理方面的研究。例如，在"薪酬与绩效评价"以及"特定员工管理"方向，国内关注程度都要明显高于国际，这与中国的企业管理体制以及文化背景具有密切的关系。而在一些新兴研究方向，如"互联网以及全球化背景下的 HRM"，国际方面关注度要高于国内。

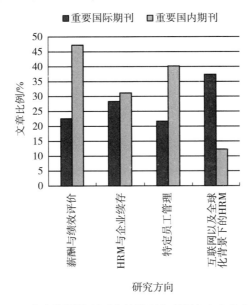

图 2-42　人力资源管理国内外期刊文章研究方向分布比较

对于"公司财务与金融"学科领域，通过图 2-7 和图 2-31 的对比可以发现，该领域国内外各研究方向整体模式基本一致，个别方向存在差异，如图 2-43 所示，国内对该领域的研究关注度要普遍高于国际，在一些核心研究方向，如"公司治理"与"金融危机"等，国内受重视程度高于国际。而在"公司财务与社会网络"方向，国内的关注度远高于国际，这也体现出在公司财务与社会网络的交叉方向上，国内具有更明显的研究兴趣。

对于"会计与审计"学科领域，通过图 2-8 和图 2-32 的对比可以发现，该领域国内外各研究方向整体发展模式基本相同，但部分研究方向也存在差异。从图 2-44 中可以看出，在"会计与审计"领域，"会

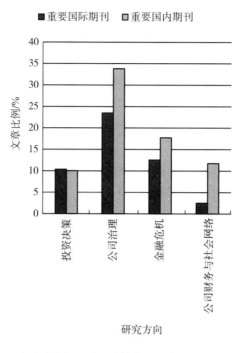

图 2-43　公司财务与金融国内外期刊文章研究方向分布比较

计选择与盈余管理"、"信息披露"、"会计信息与公司治理"及"审计质量"四个研究方向国际关注度普遍高于国内。

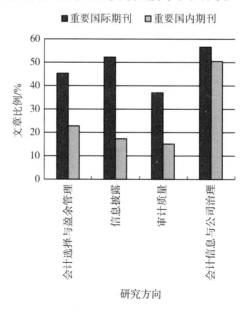

图 2-44　会计与审计国内外期刊文章研究方向分布比较

对于"市场营销"学科领域，通过图 2-9 和图 2-33 的对比可以发现，该领域国内外各研究方向整体发展模式有一定不同。从图 2-45 可以看出，在国际期刊上，"新产品开发/创新管理"、"营销沟通与销售管理"、"数据驱动营销与客户关系管理"以及"可持续营销/绿色营销"等方向受到的关注度均高于国内期刊。

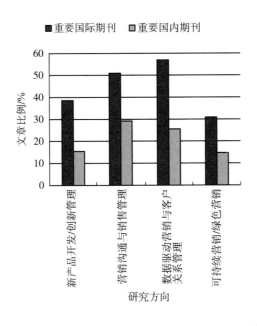

图 2-45　市场营销国内外期刊文章研究方向分布比较

对于"运作管理/物流与供应链管理"学科领域，通过图 2-10 和图 2-34 的对比可以发现，该领域国内外各研究方向整体发展模式基本相同，但在个别研究方向仍然存在一定差异。如图 2-46 所示，作为国内关注的热点研究方向，"供应链优化"方向国内关注度明显高于国际，这与国内物流业迅猛发展的实践需求密切相关。而国际更加关注"与其他学科（金融/营销/信息等）的交叉"研究。此外，在"库存管理"这一经典的研究方向上，国际受重视程度高于国内，而对于"服务运作管理"这一新兴领域，国际关注度远高于国内，国内目前处于起步阶段。

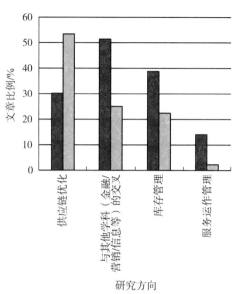

图 2-46　运作管理/物流与供应链管理国内外期刊文章研究方向分布比较

　　对于"企业信息管理"学科领域，通过图 2-11 和图 2-35 的对比可以发现，该领域国内外各研究方向整体发展模式存在较大不同，主要体现在个别研究方向在国内外的研究热度有所不同。从图 2-47 可以看出，"互联网与电子商务创新"及"信息资源管理"两个研究方向国内关注度明显高于国际。此外，"BI/BA 方法与应用"及"企业信息化/系统"两个研究方向国际关注度要高于国内，这也反映出在大数据背景下，国外对于商务智能相关方法的研究与应用更加成熟，其研究起点较国内更高。

　　对于"服务管理"学科领域，通过图 2-12 和图 2-36 的对比可以发现，该领域国内外各研究方向整体发展模式基本一致，但部分研究方向国内外关注度也存在差异。从图 2-48 可以看出，"服务转型"与"服务创新"方向国内关注度明显高于国际。此外，"服务设计开发"国内外受重视程度基本相同。而在"医疗卫生服务"方面，国内研究重视程度较国外有明显差距，近年来，"医疗卫生服务"正在成为全球关注的热点研究方向，而国内对于该方向的研究目前处于起步阶段。

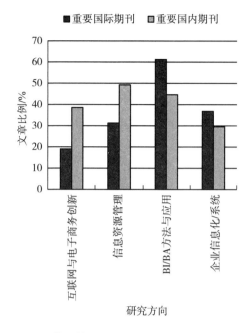

图 2-47　企业信息管理国内外期刊文章研究方向分布比较

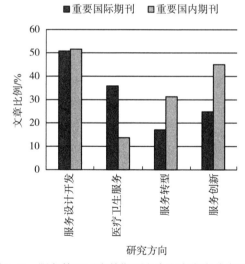

图 2-48　服务管理国内外期刊文章研究方向分布比较

对于"创业与中小企业管理"学科领域，通过图 2-13 和图 2-37 的对比可以发现，该领域国内外各研究方向整体发展模式基本一致，个别方向的差异如图 2-49 所示，国内对于创业以及企业管理方面的研究关注要明显高于国际，如在"创业能力"、"创业资源需求与整合"、

"创业机会的选择与评价"及"创业网络与社会资本"等研究方向，
国内受重视程度都要明显高于国际，体现出较大的领域研究兴趣。

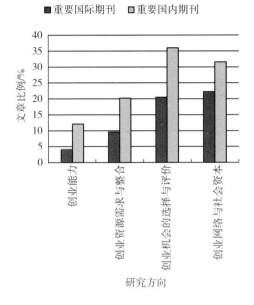

图 2-49 创业与中小企业管理国内外期刊文章研究方向分布比较

2.4 学科主要创新

随着国内外工商管理学科的蓬勃发展，学科内部各分支学科领域的
独立研究趋于完备，学科整体的创新趋于平缓。在 2009~2015 年上半年，
工商管理学科内部各分支学科领域独立的、颠覆性的创新研究出现较
少，但学科内部各分支学科领域的交叉研究以及与其他学科的交叉研究
仍然有较多创新。与此同时，随着中国国际经济地位与政治地位的提高、
中国特有企业管理实践问题的不断出现，国内外学者们一改以前仅将西
方管理问题"中国情境化"的研究模式，开始真正积极地探索具有中国
特色的管理问题，所以工商管理学科在中国特色管理理论创新方面也获
得了一定成果。总体而言，在此期间，工商管理学科的创新主要体现在
理论创新、学科研究方法与工具创新以及研究范式创新三方面。在理论
创新方面，学者们已经不再局限于对于学科各个分支学科领域一般性理

论的梳理和对基础问题概念的剖析，他们将研究重点拓展到学科各分支学科领域的最前端，探讨各分支学科领域最前沿的理论问题，取得了一定成效。在研究方法与工具创新方面，学者们也已不再满足于传统的单一研究方法，而是将多案例、跨层次、大数据等研究方法进行整合运用，极大地推动了各分支学科领域的发展。在研究范式方面，学者们汲取前人的研究经验，科学合理地提出新的研究思路。例如，在组织研究中，从静态研究转变为基于社会网络的动态研究等。这些新范式的提出，有效推进了工商管理学科的发展进程，加快了学科建设速度。基于以上三种创新类型，我们对工商管理学科主要分支学科领域的创新成果进行了梳理，具体的研究成果如下：

第一，战略管理学科领域。就该学科领域理论创新而言，首先值得一提的是动态竞争理论。该理论不仅有助于企业细致入微地观察和审视竞争，更有助于企业加深其对于竞争本质的理解，从而极大地推动了战略管理学科领域的发展进程。同时，双元制度理论的提出也为经济转型大背景下的企业战略管理研究提供了重要的理论基础和现实依据。同时，行为战略理论、战略生态理论等创新理论的涌现也为战略管理学科领域的研究者提供了新的研究视角，有利于战略管理研究的深化，为该学科领域凝练出新的理论提供了支持。而情境嵌入与情境理论化的提出，则进一步拓展了战略管理学科领域的研究广度。此外，除了自身理论的发展创新之外，战略管理学科领域在与其他学科的交叉合作中也发展出了新的研究领域方向。例如，战略管理与组织管理、心理学等学科领域的融合产生了新的研究方向，如战略微观基础（microfoundation of strategy）；战略理论与系统科学、演化科学、生态学、工程学科知识相结合，衍生出开放创新理论、平台理论、网络组织理论及企业能力理论等。就该学科领域研究方法创新而言，近年来案例研究（尤其是探索性案例研究）作为一种重要的实证研究方法，在战略研究学科领域备受关注。而案例研究方法中的 SPS（structured-pragmatic-situational，即结构化、实用化、情景化）案例研究法不但集成了欧美管理研究学派的精髓，还在案例研究观念上有了较大创新。该方法对于提高案例研究的可操作性和撰写高质量的案例研究论文有一定的帮助。它还能帮助研究者掌握案例研究的步骤，并借此探索新的管理理论，从而增加了中国学者将中国特色管理实践理论介绍给国际同行的可能性。除了案例研究方法,战略管理学科领域对于研究工具的综合运用趋势明显。理论推演、数理建模、仿真、实证、实验研究等多种研究工具与方法被战略管理学者整合运用于研究中,增加了研究的科学严谨性。同时,战略管理研究近年来也将跨层次分析引入研究实践中,用以探索企业的动态演进机理。此外,战略管理研究者还引入交叉学科的研究方法,如将计量经济学的研究方法运用于其研究中,提高了战略管理研究数据来源的多样性以及时间跨度的合理性水平。就该学科领域的研究范式创新而言,该学科领域的研究从过去脱离情景的问题导向,向更加强调特定情景下的管理问题研究转移。针对特定现象的研究正受到该领域学者越来越多的重视。同时,结合多种理论视角的研究范式(如结合资源基础观与制度基础观视角研究国际化战略问题等)也越来越受到研究者的推崇。

第二,会计与财务学科领域。会计与财务一直是商业研究中的重要学科领域,互联网的兴起、企业国际化步伐不断加快等客观因素也推动了该学科领域的发展。近年来,该学科领域也取得了很多研究成果。就该学科领域理论创新而言,国内学者开始关注从宏观角度探讨微观企业问题(如政府干预、政治关联与企业财务会计行为、财务绩效的关系研究等),指出中国目前的发展,应"大处着眼、小处着手",并且要注意小问题要从宏观角度找原因。该理论视角有利于加强宏观理论影响微观经济行为和过程的推演,增强宏观经济政策对微观企业行为研究的连续性和可推导性。这对宏观经济政策提供有效的反馈和预判,增加宏观经济政策可靠性和准确性有重要的价值。同时,学者们在股利政策研究中,提出了迎合理论,并运用心理学、社会学的交叉知识探究股利分红问题,具有一定的开拓性意义。此外,在资本结构理论方面所作的动态资本结构研究以及保守型负债管理也同样为该领域的理论研究发展做出了应有的贡献。而伴随着互联网时代的到来,会计与财务管理学科领域的理论探索也与时俱进,开始逐渐探索互联网背景下投资者行为、公司财务行为(如管理者决策行为、企业决策与信息披露)等问题,取得了一定创新成果。与此同时,中国特色的公司财务与会计问题(如社会网络关系、金字塔式股权结构、经理人薪酬激励与政府管制、媒体治理)也受到了学者们的普遍关注,因此发展出了一系列具有中国本土意义的财务会计理论。就该学科领域研究方法创新而言，除了案例研究逐步被学者接受之外，社会学的一些研究方法，如社会网络法、文本研究法，也被引入财务会计学科领域的研究。同时，近似于自然科学研究的实验研究方法也受到越来越多该学科领域学者的关注。就该学科领域研究范式创新而言，会计学和财务管理的研究视角呈现出从微观视角向宏观视角的转变，研究立场呈现出从经济立场向经济、社会、生态的多维立场转变。研究范式呈现出工具主义研究范式向伦理主义研究范式转变，形成了交叉学科趋势下的各学科协同、系统视角的新型研究范式。

第三，市场营销学科领域。该领域在过去十多年发展较快，在消费者行为研究、服务营销、网络营销等多个领域方向都取得了较为丰硕的研究成果。随着时间的推移以及自身学科的发展特点，近年来，该学科领域主要的创新点已经逐步由理论创新转变为研究方法创新。就该学科领域理论创新而言，主要的理论创新来源于与其他学科的交叉研究中，如将行为学中的情感运用于消费者行为引导中；将神经学运用于营销研究并开创出神经营销学等。除了交叉学科带来的理论创新之外，本土化是该学科领域另外一个理论创新的来源，如运用中国哲学来研究中国营销问题，提出了本土化的营销理论等。就该学科领域研究方法创新而言，得益于科学技术的进步与学科间交叉的日益频繁，该学科领域研究方法得到了极大的创新。例如，神经科学技术［如 FMRI（functional magnetic resonance imaging，即功能性磁共振成像）技术］的引进，为消费者行为及行为决策研究提供了新的机遇；社会实验设计、真实环境测试、问卷调查等研究方法的交叉运用提高了该学科领域研究的外部有效性；结合了网络内容分析与民族志方法的网络志分析方法的出现也为该学科领域的发展提供了保障。另外，大数据、客观记录数据（如网络行为数据、物联网情景感知数据）分析的兴起、人工读心方法等机器学习方法的引入，也为该学科领域深入挖掘顾客的内在需求提供了便利。

第四，运作与物流管理学科领域。就该学科领域理论创新而言，近年来，在动态性与实时性学科视角的指导下，学者们提出了供应链整合理论，综合考究整个供应链运营的协调与整合问题，取得了一定创新性成果。同时，从柔性改善的建模方法、决策问题与优化的角度研究柔性制造系统与柔性供应链管理，有利于应对"及时顾客定制"所带来的问题。而围绕产品周期需求不确定、顾客行为多样化等问题，运作与物流管理学科领域也提出了相应的创新理论。此外，该学科领域积极与其他学科合作，如与金融、心理等学科的交叉，深入探讨了运作决策问题，为学科领域的研究带来了新的理论视角。就该学科领域研究方法创新而言，该领域案例研究的方法已经由以前的"提出假设→设计问卷→问卷调查→统计分析→假设的判断"的研究方式逐渐转变为访谈调查、多案例分析、基于数据的分析（商务智能分析）等多方法结合的研究方式。同时，受益于科技的发展，该学科领域的实验设计平台随着技术发展更加多样化，可以从面对面问卷调研延伸到网络上手机消费者问卷调查，甚至在三维网络空间中设计实验和收集问卷进行调研。另外，对行为博弈的重新解读、大数据分析技术的发展、数学建模研究与实验室研究结合等创新方法也越来越多地服务于该学科领域的研究。就该学科领域研究范式创新而言，除了与其他学科相交叉的研究范式越来越受到重视之外，整个学科领域对于数据驱动的研究范式也越来越受重视。

第五，组织行为与人力资源学科领域。该领域在近年来取得了蓬勃的发展，研究的议题逐渐深入到领导科学、组织决策与知识传导、人力资源战略、跨文化研究等多个领域方向，并取得了不俗的成绩。虽然近年来少有颠覆性的创新研究出现，但是该学科领域还是涌现出一些令人欣喜的创新研究成果。就这些分支领域的理论创新而言，在领导科学方面，功能型领导理论被拓展到团队领导行为的研究中。该理论的提出，为深入理解领导在各项团队活动（如组建团队、监控团队状态、管理团队和外界的关系、提供人际支持系统等）中的角色及其作用提供了可能性。并且，随着领导研究在团队研究中的进一步加深，该学科领域的学者不再满足于只探讨领导在单一团队中的作用，多团队系统中的领导力问题也得到了学者们的广泛关注。另外，共享领导力结构的研究在最近几年持续发展，学者们借鉴社会网络理论和方法来研究这一现象，得到了一系列新的量化共享领导力结构的指标，并在探索共享领导力的形态、多层性和动态性方面取得了一定的创新成果。此外，随着学科交叉的不断发展，领导力与生物、神经学科的交叉研究进一步得到拓展，为领导力研究提供了更加客观的理论基础。在组织决策领域方向，微观组织行为研究的兴起为研究非理性行为提供了可能性。同时，微观组织行为与跨文化问题的结合也为决策领域获得新的理论提供了便利。在人力资源管理学科领域方向，为了解释中国经济社会转型的深刻背景下，组织人力资源管理多模式杂糅兼容的内在机制，学者提出了具有中国管理特色的"杂糅兼容"模式。该模式突破性地将人力资源模式的研究提升到宏观层面，与国家的经济制度安排特征进行了尝试性的联结，并且将不同人力资源模式与企业创新、成本效率、网络合作以及劳动法律规制等方面进行了多维度的联结，为进一步研究中国特色人力资源问题提供了巨大的延展空间和理论接口。此外，人力资源管理由简单地关注政策实施向关注实施效果或者实施过程控制的研究角度转变也为该领域的理论创新找到了突破口。在跨文化研究领域方向，随着动态文化理论的提出以及学者对中国传统文化的关注，中国式的跨文化研究进入一个新的发展阶段，收获了许多有中国特色的跨文化研究成果。就该学科领域研究方法创新而言，随着学科的不断成熟，多样本、多调查方法、多数据源、多层级的研究方法越来越受到该学科领域研究学者的青睐。同时，结合手机等通信工具，采用经验抽样（experience sampling）的研究方法也促进了该学科领域的进一步发展。就该学科领域研究范式创新而言，在该学科的传统研究领域之外，其开始强调员工在人力资源管理中的核心地位，由过去的领导中心、关系中心，转变为越来越以员工为中心。同时更加关注研究动态性，自下而上的理论构建方式逐渐受到关注。在该领域的新兴方向上，其研究创新之处主要体现在与其他学科的交叉研究方面，如与社会神经科学的融合，基于系统动力学等跨学科视角的新研究范式等。

第六，企业信息管理学科领域。企业信息管理一直是工商管理学科重要的组成部分。就该学科领域理论创新而言，在大数据和移动互联背景下，学者们开始更多地探究数据与企业实践的映像关系，关注传统企业管理向数据管理转换、传统企业决策向基于数据分析的决策转换的新型挑战和创新机遇。随着商务智能/商务分析（BI/BA）方法和技术的快速发展及其在企业应用的普及深入，企业信息管理研究逐渐向以人为中心、基于移动环境的信息系统建设和数字化商务的方向拓展。个体选择相关理论和跨边界理论的使用将生物学理论引入电子商务生态系统、基于复杂系统理论分析平台商业模式和互联网竞争动态、数据驱动的商务分析与模式创新等相关研究成为企业信息管理学科领域的新视角。就该学科领域研究方法创新而言，其创新主要分为两类：第一类是对研究数据处理和分析方法的创新，如文本等用户生成内容（user generated content，UGC）与话题的分析建模、社会网络传播模式及信息作用机理、客户特征及其行为画像、推荐技术及其决策支持策略、跨界关联分析与内外部数据融合、信息系统与数据平台构建等方面。第二类是研究方法的创新，如动态结构建模方法、系统动力学仿真、大规模真实场景实验法、数据计算与商务智能、统计计量建模与案例研究方法等。就该学科领域研究范式创新而言，企业信息系统研究出现"用"（如行为视角和经济学视角）与"造"（如技术视角）既分野又融合的局面。一方面，行为视角研究仍将成为重要范式之一，通过构念和因素路径，诠释信息系统相关特征对于个体和组织变量的影响。通常，相关构念和变量多具有行为和感知特征（如通过问卷感测）。近年来，经济学视角研究受到越来越广泛的关注，成为重要研究范式之一。通过计量建模不仅可以刻画变量之间的因果联系，而且可以描述其解析关系。相关变量多具有概括式数值数据特征（如统计汇总数据）。当前，相关研究范式创新主要体现在：①由于数据可以越来越好地反映现实，一些过去不可测、不可获的构念和变量可以通过客观数据收集获得，进而替代/补充了传统自报告（self-report）的主观感知方式。一些过去小样本、粗粒度的数据可以被大样本、细粒度的数据替代/补充。②由于跨界关联和企业外部数据（如社会媒体数据）的可测可获性在增加，模型中引入新的构念和变量乃至形成新的关系成为可能，进而期望可以进一步提升模型的解释能力。另一方面，信息系统的技术视角研究将继续成为重要范式之一，并将越来越受到重视。通过数据建模、算法设计和系统构建，获得支持企业运作和管理决策的工具及手段，同时也构成新产品、新模式和新业态。当前，相关研究范式创新主要体现在：①由于企业应用和大数据环境，过去一些传统的追求通用功能的方法导向的研究路径正逐渐被面向个性化的管理问题导向的研究路径替代/补充，管理意义和效果在建模和算法设计中变得越来越重要。②由于管理问题导向以及信息系统的重要性在增加，创新方法验证的要求也从模拟实验、标杆数据（benchmark data）实验向实际数据/场景实验扩展，进而越来越多地要求进行用户及其行为实验，以求获得既在技术测度意义上又在用户感知意义上的显著效果。

最后，同工商管理学科的其他领域一样，跨学科的交叉研究也是企业信息管理学科领域的另外一个重要研究范式的创新之处。

2.5　资助格局及支持领域

国家自然科学基金是管理学科基础研究资助的主渠道之一，主要包括人才、项目和环境三大系列。其中，人才系列包括了青年基金、优秀青年基金及杰出青年基金等不同层次的青年人才项目，支持地区人才的地区项目，支持非内地学者的海外及港澳青年学者合作研究项目，以及支持研究团队的创新群体项目；项目系列包括面上项目、重点项目、重大项目及重大研究计划和国际合作研究项目等；环境系列包括国际交流和联合资助等。在"十二五"期间，根据学科发展和资助需要，基金委对已有的基金类型进行了补充与优化，2011 年将面上项目、地区科学基金项目和重点项目的研究周期分别延长一年，同时，海外及港澳学者合作研究基金改为 2+4 模式，并开始受理和资助 4 年期的延续项目；2012年新增"河南人才培养联合基金"、优秀青年科学基金、青年科学基金——面上项目连续资助等项目，并开始启动重点项目群。

为了更全面地了解工商管理学科的资助格局，下面将根据2005~2014 年国家自然科学基金资助的工商管理学科项目信息，分别对基金资助的总体资助情况、分支学科领域资助情况，以及项目主持人及团队合作情况进行统计描述。

2.5.1　总体资助情况

1. 面上、青年、地区项目资助情况

2005~2014 年，工商管理学科共接受面上项目、青年项目和地区项目的申请 18 268 项，资助 2 982 项，平均项目资助率为 16.32%（图 2-50）。

"十一五"期间申请和资助数量相对稳定，"十二五"期间申请数量和资助数量都有显著的增长，项目资助率呈现较快上升趋势，特别是 2014 年项目资助率首次超过 20%，达到 21.8%。

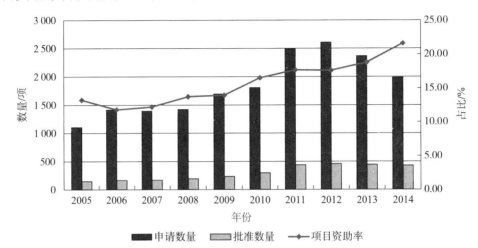

图 2-50　2005~2014 年面上、青年、地区基金项目总体统计

在项目资助率增加的同时，项目的资助强度也在不断提高（图 2-51），特别是 2011 年面上和地区项目研究期限延长一年的情况下，资助强度分别从 2010 年的 26.68 万元增加至 42.01 万元、从 2010 年的 22.15 万元增加至 35.89 万元，增幅在 60% 左右，反映出国家"十二五"期间在科学研究方面的支持力度有明显的增强。

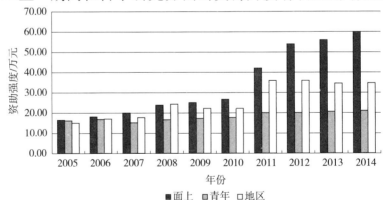

图 2-51　2005~2014 年面上、青年、地区基金项目资助强度

2005~2014 年项目资助格局也有较大的变化（图 2-52）。2005 年，面上项目 115 项，青年项目 29 项，地区项目 2 项。面上项目"十一五"

期间相对稳定，"十二五"期初跳跃增长后呈现先升后降趋势，而青年项目则保持较快的增长趋势，并且在 2014 年资助数量到达 200 项，首次超过了面上项目。地区项目数量虽然相对较少，但增长较快，2014 年项目数到达 36 项，十年增加了 17 倍。

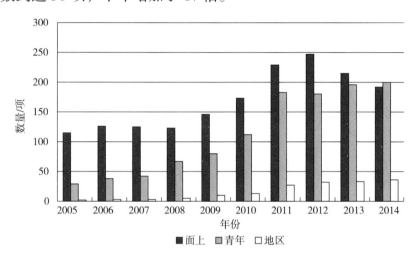

图 2-52　2005~2014 年面上、青年、地区基金项目资助数量分类统计

2005~2014 年工商管理学科资助经费额度占管理学部的比例下降较多（图 2-53），其中面上项目和青年项目平均下降近 5%，在 2014 年均降至 30% 以下，分别为 29.08% 和 28.36%。地区项目在 2011~2014 年则保持相对稳定，为 28% 左右。

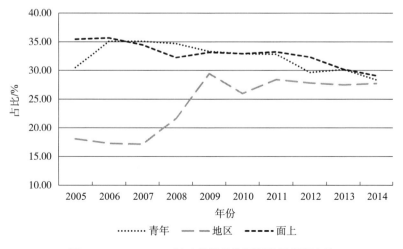

图 2-53　2005~2014 年工商管理学科资助经费额占比

2. 其他重要项目的资助情况

1）优秀青年科学基金项目

优秀青年科学基金项目是基金委为了进一步应对国家中长期人才发展的需要，加强对创新型青年人才的培养，完善国家自然科学基金人才资助体系，于2012年设立的一项重要人才类型项目，旨在与青年科学基金项目和国家杰出青年科学基金项目之间形成有效衔接，促进创新型青年人才的快速成长，主要支持具备5~10年的科研经历并取得一定科研成就的青年科学技术人员，在科研第一线锐意进取、开拓创新，自主选择研究方向开展基础研究。

2012~2014年工商管理学科共资助11项优秀青年科学基金项目（表2-1），其中会计和营销负责人分别有3位，创新、组织、公司财务、运作、电子商务负责人各1位，会计和营销作为工商领域的强势学科，近几年青年人才队伍发展较快。

表2-1 工商管理学科优秀青年科学基金项目列表

项目批准号	负责人	依托单位	项目名称	批准金额/万元
71222201	梁建	上海交通大学	员工建言研究	100
71222202	谢恩	西安交通大学	组织网络与创新	100
71222203	吴文锋	上海交通大学	公司金融与公司治理	100
71222204	岳衡	北京大学	财务会计信息与资本市场	100
71222205	徐菁	北京大学	消费者行为决策	100
71322201	薛健	清华大学	会计信息的产生与影响	100
71322202	张紫琼	哈尔滨工业大学	互联网情感分析与用户创造内容挖掘	100
71422005	金立印	复旦大学	消费者行为	100
71422006	卢向华	复旦大学	互联网营销；在线试用营销；在线口碑营销；电子商务	100
71422007	镇璐	上海大学	生产与服务运作管理优化	100
71422008	王艳艳	厦门大学	信息披露与宏观经济稳定	100

2）国家杰出青年科学基金

国家杰出青年科学基金项目于1994年开始设立，旨在支持在基础研究方面已取得突出成绩的青年学者自主选择研究方向开展创新研究，促进青年科学技术人才的成长，吸引海外人才，培养造就一批进入世界科技前沿的优秀学术带头人。

2005~2014 年，工商管理学科共资助了 19 项杰出青年项目（表 2-2），其中组织与人力资源方向在 2006~2009 年有陈国权、杨百寅和张志学陆续获资助后，在 2014 年有刘军和施俊琦同时获得资助。而信息管理与电子商务方向也分别在 2008 年、2010 年、2012 年、2013 年有毛基业、曾大军、徐心和陈煜波获得资助。

表 2-2　工商管理学科杰出青年项目列表

项目批准号	主持人	依托单位	项目名称	批准金额/万元
70525005	张宗益	重庆大学	企业理论	70
70588001	徐信忠	北京大学	工商管理	70
70625003	陈国权	清华大学	企业人力资源管理	140
70725002	蔡洪滨	北京大学	企业理论	140
70725005	杨百寅	清华大学	企业文化	140
70888001	毛基业	中国人民大学	管理信息系统实施过程中的用户行为研究	140
70925002	张志学	北京大学	组织行为与组织文化	140
71025001	曾大军	中国科学院自动化研究所	协同式管理信息系统与电子商务	140
71025002	朱庆华	大连理工大学	物流与供应链管理	140
71025003	吴联生	北京大学	会计与审计	140
71025006	曾赛星	上海交通大学	面向可持续竞争力的企业环境创新管理理论与方法	140
71125003	万国华	上海交通大学	服务运作管理	140
71188002	周长辉	北京大学	国际化与中国企业战略	140
71225001	徐心	清华大学	企业信息管理——信息技术在企业管理中的应用与影响	140
71225006	何桢	天津大学	质量管理与质量工程	140
71325004	刘俏	北京大学	公司金融	140
71325005	陈煜波	清华大学	全球互联时代的市场营销与商业创新	140
71425003	刘军	中国人民大学	组织行为	280
71425004	施俊琦	中山大学	领导力与团队绩效研究	280

3）科学基金创新研究群体

科学基金创新研究群体项目于 2000 年设立，根据 2014 年 2 月 1 日起实施的《国家自然科学基金创新研究群体项目管理办法》，创新群体项目旨在支持优秀中青年科学家为学术带头人和研究骨干，共同围绕一个重要研究方向合作开展创新研究，培养和造就在国际科学前沿占有一席之地的研究群体。

工商管理学科分别在 2010 年、2011 年和 2013 年由徐信忠、陈国权和唐立新获得创新群体研究的资助（表 2-3）。

表 2-3　工商管理学科创新群体项目列表

项目批准号	主持人	依托单位	项目名称	批准金额/万元
71021001	徐信忠	北京大学	行为金融：心理偏差、投资行为与资产定价	350
71121001	陈国权	清华大学	复杂变化环境下企业组织管理整体系统及其学习变革研究	420
71321001	唐立新	东北大学	制造与物流系统中的空间与时间二维调度理论方法及应用研究	420

值得指出的是，2007 年获资助的唐加福团队（东北大学）和 2014 年获资助的胡祥培团队（大连理工大学）、李垣团队（上海交通大学）的团队成长以及研究方向的形成都得到了工商管理学科的长期资助与支持，而且这些团队的研究成果也的确已经或将对工商管理相关学科领域的发展、理论创新、学术贡献和人才培养做出重要贡献并发挥了作用（表2-4）。

表 2-4　创新群体补充列表

项目编号	学科代码	主持人	依托单位	项目名称
70721001	G010301	唐加福	东北大学	先进运作管理中的建模、优化与决策分析的理论和方法
71421001	G01	胡祥培	大连理工大学	新兴电子商务的信息与物流管理
71421002	G01	李垣	上海交通大学	运营与创新管理

4）重点项目

重点项目是科学基金研究项目系列中的一个重要类型，支持从事基础研究的科学技术人员针对已有较好基础的研究方向或学科生长点开展深入、系统的创新性研究，促进学科发展，推动若干重要领域或科学前沿取得突破。

2005~2014 年工商管理学科共资助 68 项重点项目（表 2-5），"十一五"期间平均每年资助 5 项，"十二五"期间平均每年资助 8 项，其间的申请和资助数量相对稳定，平均资助率 24%，平均资助强度增长较快，由 2005 年的不足 90.00 万元，增加至 2014 年的 260.00 万元，增幅接近 200%。

表 2-5 工商管理学科重点项目年度统计

年度	申请数量/项	批准数量/项	项目资助率/%	经费学部占比/%	平均资助强度/万元
2005	41	6	14.63	38.27	88.33
2006	15	3	20.00	25.71	90.00
2007	19	5	26.32	35.36	99.00
2008	20	5	25.00	31.79	110.00
2009	30	5	16.67	35.93	120.00
2010	13	6	46.15	33.56	151.00
2011	46	8	17.39	28.53	228.25
2012	54	14	25.93	46.87	247.43
2013	37	8	21.62	26.45	220.83
2014	30	8	26.67	33.33	260.00

2012 年，工商管理学科首先开始设立重点项目群（计入重点项目数量），旨在聚集国内最优秀的研究团队，对已有较好基础的学科重要研究方向和生长点进行多学科、多角度的深入系统性研究。目前共启动两个重点项目群，即 2012 年"基于中国管理实践的理论创新"重点项目群（表 2-6）和 2014 年"互联时代的医疗与健康运作管理"重点项目群（表 2-7），分别包含了 6 个重点项目和 5 个重点项目。

表 2-6 "基于中国管理实践的理论创新"重点项目群

项目批准号	主持人	依托单位	项目名称	批准金额/万元
71232002	杨斌	清华大学	中国企业战略领导力研究：集体领导力的理论模型及有效性	240
71232010	陆亚东	中山大学	中国企业/组织管理理论创新研究	238
71232011	蔡莉	吉林大学	中国转型经济背景下企业创业机会与资源开发行为研究	239
71232012	王重鸣	浙江大学	基于并行分布策略的中国企业组织变革与文化融合机制研究	300
71232013	吴晓波	浙江大学	中国企业自主创新与技术追赶理论研究：模式、机制与动态演化	240
71232014	席酉民	西安交通大学	建构中国本土管理理论：话语权，启示录与真理	240

表 2-7　"互联时代的医疗与健康运作管理"重点项目群

项目批准号	主持人	依托单位	项目名称	批准金额/万元
71432002	李金林	北京理工大学	医疗与健康的数据分析与决策	259
71432003	陈旭	电子科技大学	医疗与健康的物流管理	259
71432004	姚大卫	清华大学	医疗与健康的数据分析与决策	270.5
71432005	井润田	上海交通大学	变革环境下中国企业领导行为研究	259
71432006	江志斌	上海交通大学	医疗与健康的价值链整合与管理	259
71432007	苏强	同济大学	面向全生命周期的医疗质量安全管理与资源优化配置	259

5）重大项目

重大项目旨在面向国家经济建设、社会可持续发展和科技发展的重大需求，选择具有战略意义的关键科学问题，汇集创新力量，开展多学科综合研究和学科交叉研究，充分发挥导向和带动作用，进一步提升我国基础研究源头创新能力。

工商管理学科围绕电子商务和大数据等具有重要战略意义的关键科学问题，先后于"十一五"和"十二五"启动了两个重大项目（表 2-8）。2008 年启动的"新兴电子商务重大基础问题与关键技术研究"重大项目已于 2012 年顺利完成，并在新兴电子商务参与者行为、微观市场结构与商务模式、商务知识发现与管理、交易安全与社会计算等方面取得丰硕的研究成果。接着，2014 年启动了"大数据环境下的商务管理"重大项目，旨在从商务行为机理、顾客洞察与营销策略、运营与优化协调、商务智能与模式创新、商务分析与计算方法等角度对大数据带来的商务管理挑战开展科学攻关。

表 2-8　"新兴电子商务重大基础问题与关键技术研究"重大项目

项目批准号	主持人	依托单位	项目名称	批准金额/万元
70890080	陈国青	清华大学	新兴电子商务重大基础问题与关键技术研究	1 000
其中包括下列四个课题				
70890081	陈国青	清华大学	新兴电子商务参与者行为规律研究	370
70890082	陈剑	清华大学	电子商务微观市场结构与商务模式研究	170
70890083	杨德礼	大连理工大学	面向服务的商务智能与知识管理方法研究	175
70890084	王飞跃	中国科学院自动化研究所	新兴电子商务复杂性、安全性和社会实验平台研究	285

2.5.2　分支学科领域资助情况

2005~2014 年，工商管理学科各分支学科领域在申请和资助方面具有较大的差异。如表 2-9 所示，申请数量最多的分支学科领域是公司财务与金融（G0206）共 2 241 项，其次是市场营销（G0208）共 2 039 项，再次是战略管理（G0201）共 1 874 项。而资助数量最多的分支学科领域是市场营销（G0208）共 413 项，其次是公司财务与金融（G0206）共 381 项，再次是战略管理（G0201）共 301 项。资助率最高的是市场营销（G0208），占 20.3%；其次是项目管理（G0213），占 19.7%；再次是会计与审计（G0207），占 19.4%。

表 2-9　2005~2014 年面上、青年、地区项目学科领域统计

学科代码	2005年/项	2006年/项	2007年/项	2008年/项	2009年/项	2010年/项	2011年/项	2012年/项	2013年/项	2014年/项	批准总数/项	申请总数/项	资助率/%
G02	2	5	5	1	0	2	0	0	1	0	16	184	8.7
G0201	17	21	30	22	24	32	46	45	36	28	301	1 874	16.1
G0202	6	12	4	11	7	9	12	16	11	12	100	830	12.0
G0203	0	0	0	7	10	13	21	26	25	35	137	840	16.3
G0204	8	12	8	15	11	19	31	20	34	34	192	1 128	17.0
G0205	16	13	13	14	20	18	24	23	26	20	187	1 344	13.9
G0206	22	25	30	22	29	33	61	57	56	46	381	2 241	17.0
G0207	0	1	0	25	22	29	36	59	60	44	276	1 421	19.4
G0208	19	22	21	24	30	43	72	67	59	56	413	2 039	20.3
G0209	15	11	8	8	10	9	18	15	15	17	125	732	17.1
G0210	13	16	17	9	16	15	20	17	16	14	153	1 050	14.6
G0211	7	14	5	7	9	13	21	27	19	26	155	939	16.5
G0212	17	8	16	13	17	26	32	39	47	42	257	1 818	14.1
G0213	1	3	6	4	6	12	13	16	8	14	83	422	19.7
G0214	3	2	7	3	2	7	8	9	12	15	65	499	13.0
G0215	0	0	0	7	11	17	23	23	20	23	124	735	16.9
G0216	0	2	0	3	2	2	1	3	2	2	17	172	9.9
合计	146	167	170	195	236	298	439	459	444	428	2 982	18 268	16.3

　　资助数量不超过 100 项的有 4 个学科领域,分别为非营利组织管理
(G0216)17 项、服务管理(G0214)65 项、项目管理(G0213)83 项和
企业理论(G0202)100 项,其中非营利组织管理、企业理论和服务管理的
资助率分居资助率的后三位,仅为 9.9%、12.0%和 13.0%。从近 5 年的项
目资助情况来看,战略管理、公司财务与金融、会计与审计、市场营销、
物流与供应链管理等学科领域保持较高的资助水平。为保证学科领域的均
衡发展,工商管理学科每年通过项目指南给出资助政策的调整来引导申请,
以促进"弱小"学科领域的成长。2014 年在整体资助下降的情况下,创新
管理、项目管理、服务管理三个学科领域的项目资助均有较大的增长。

　　如图 2-54 所示,各学科领域中面上、青年、地区项目分布较为均衡,
青年基金资助项目中,组织行为与组织文化、企业信息管理学科领域占
比较大,而企业理论和人力资源管理学科领域则占比较小。地区项目总
体数量虽然较少,但近年来,在科学基金的支持下,学科领域的研究队
伍正在逐步形成,相对而言,在非营利组织管理、物流与供应链管理和
公司财务与金融学科领域占比较大。

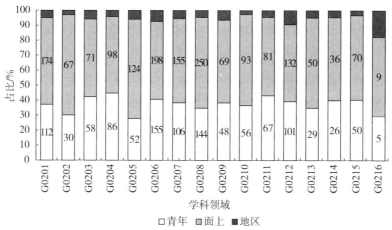

图 2-54　2005~2014 年面上、青年、地区学科领域项目资助数

2.5.3　项目主持人及团队合作情况

　　本部分以 2005~2014 年工商管理学科资助的面上、青年、地区基金

项目的主持人及研究团队为对象，着重分析我国工商管理学科研究队伍的构成及合作情况。

1. 项目主持人结构分析

1）年龄结构

如表 2-10 所示，2005~2014 年，工商管理学科面上、青年、地区项目主持人的平均年龄整体呈下降趋势，其中面上和青年基金项目的主持人年龄基本保持稳定，青年基金由于女性主持人年龄上限调整为 40 岁，使其略有上升，地区基金主持人的平均年龄下降较为显著，有一批高校优秀博士毕业生进入地区高校，提高了地区项目的竞争实力。

表 2-10　2005~2014 年面上、青年、地区项目主持人年龄分布（单位：岁）

项目类型	2005 年	2006 年	2007 年	2008 年	2009 年	2010 年	2011 年	2012 年	2013 年	2014 年	平均年龄
面上	43.9	44.9	43.8	43.3	42.8	42.2	44.3	42.8	43.5	42.4	43.4
青年	31.9	31.8	31.7	32.1	31.8	32.0	32.7	32.9	32.6	32.3	32.2
地区	48.0	39.3	43.3	42.4	43.7	42.9	40.4	40.3	40.6	37.9	41.9

2）职称结构

2005~2014 年，工商管理学科面上、青年、地区项目主持人的职称以正高、副高和中级为主（图 2-55），分别为 34.1%、33.7% 和 30.1%，另外有 1.7% 的博士后和 0.4% 的其他职称。由于不同项目的资助对象和要求的差异，面上、青年、地区项目主持人在职称方面也有较大差异。如表 2-11~表 2-13 所示，面上项目主要以正高职称为主，占比为 55.3%；青年项目主要以中级职称为主，占比为 68.2%，另有博士后获得资助占比为 4.2%；而地区项目主持人副高职称最多，正高职称其次，占比分别为 43.9% 和 40.2%。

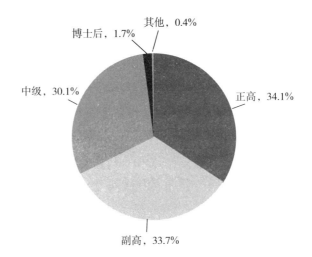

图 2-55　2005~2014 年面上、青年、地区项目主持人职称统计

表 2-11　2005~2014 年面上项目主持人职称分布（单位：人）

职称	2005 年	2006 年	2007 年	2008 年	2009 年	2010 年	2011 年	2012 年	2013 年	2014 年	总计
正高	75	90	75	72	84	78	130	122	123	86	935
副高	32	33	39	39	56	78	86	110	88	84	645
中级	7	1	11	10	6	17	11	15	4	20	102
博士后	1	1	0	1	0	0	2	0	0	0	5
其他	0	1	0	1	0	0	0	0	0	2	4
总计	115	126	125	123	146	173	229	247	215	192	1 691

表 2-12　2005~2014 年青年项目主持人职称分布（单位：人）

职称	2005 年	2006 年	2007 年	2008 年	2009 年	2010 年	2011 年	2012 年	2013 年	2014 年	总计
正高	1	1	0	3	0	2	6	1	2	1	17
副高	8	6	11	15	19	28	41	61	56	43	288
中级	16	25	30	45	56	77	128	113	129	150	769
博士后	4	6	1	4	5	4	7	4	8	4	47
其他	0	0	0	0	0	1	1	1	1	2	6
总计	29	38	42	67	80	112	183	180	196	200	1 127

表 2-13　2005~2014 年地区项目主持人职称分布（单位：人）

职称	2005 年	2006 年	2007 年	2008 年	2009 年	2010 年	2011 年	2012 年	2013 年	2014 年	总计
正高	2	3	2	3	7	5	13	11	12	8	66
副高	0	0	1	2	3	7	10	16	16	17	72
中级	0	0	0	0	0	1	4	5	5	11	26
总计	2	3	3	5	10	13	27	32	33	36	164

3）项目主持人学历结构

如图 2-56 所示，2005~2014 年，基金项目的主持人绝大部分都具有博士学位，约为 94.6%，硕士学位占比为 4.4%。如图 2-57 所示，在 2005~2014 年具有博士学位的项目主持人比例在逐年上升。总体而言，青年项目主持人博士学位比例基本在 97% 以上，是三类项目中最高的；相对而言，地区项目主持人的学历较低；而 10 年间，面上项目主持人具有博士学位的占比增加较为显著，由 2005 年的 78.3% 上升至 2014 年的 97.9%，这表明一方面我国获博士学位的研究人员不断增加，另一方面说明项目对研究能力的要求也在不断提高。

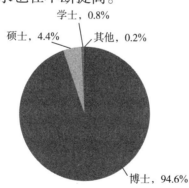

图 2-56　2005~2014 年面上、青年、地区项目主持人学历结构

4）性别结构

2005~2014 年，工商管理学科面上项目和青年基金项目的女性主持人比例不断上升（表 2-14），其中面上项目女性主持人比例增加了 60%，占比达 29.7%，而青年基金女性主持人比例增加超过 100%，并且在 2013 年和 2014 年均突破 50%。这一方面说明工商管理学科的女性学者越来

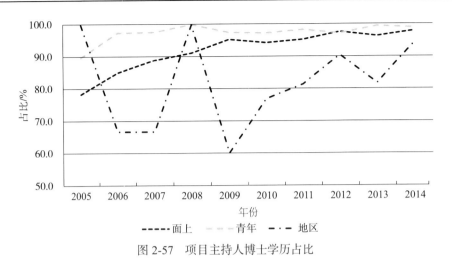

图 2-57　项目主持人博士学历占比

越重要，但另一方面，青年女性主持人出于个人与家庭的种种原因，后续获得面上项目的困难亦较大。

表 2-14　2005~2014 年面上、青年、地区项目女性主持人占比统计（单位：%）

项目类型	2005 年	2006 年	2007 年	2008 年	2009 年	2010 年	2011 年	2012 年	2013 年	2014 年
面上	18.3	17.5	17.6	24.4	13.7	15.6	25.8	23.9	22.3	29.7
青年	24.1	34.2	28.6	26.9	32.5	38.4	41.0	43.3	53.1	51.0
地区	0.0	0.0	0.0	20.0	10.0	23.1	25.9	21.9	30.3	13.9

2. 项目研究团队合作情况

如图 2-58 所示，2005~2014 年工商管理学科基金项目研究团队全部由境内学者组成的比例分别为面上项目 57.2%、青年项目 58.9%、地区项目 67.1%、重点项目 20.6%，而研究团队中有境外学者参加的比例分别为面上项目 23.9%、青年项目 23.2%、地区项目 4.9%、重点项目 58.8%。

按照年度统计，项目团队境外学者参与的比例在"十二五"期间有显著的增加（图 2-59），特别是地区项目。

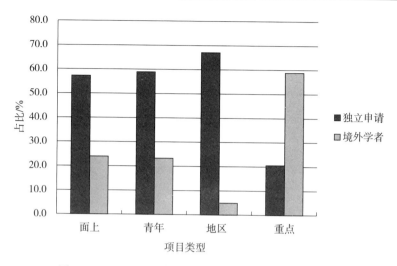

图 2-58　2005~2014 年工商管理学科项目研究团队构成

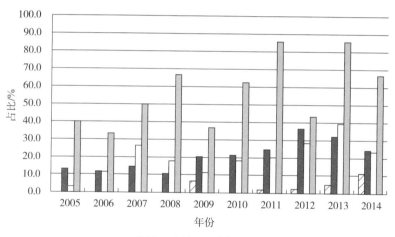

图 2-59　2005~2014 年境外学者参与比例年度统计

　　按照学科领域统计（表 2-15），组织行为与组织文化（G0204）、企业信息管理（G0211）、人力资源管理（G0205）、市场营销（G0208）等学科领域境外学者参与比例较高，平均超过 30%；而创新管理（G0203）、公司财务与金融（G0206）及项目管理（G0213）学科领域境外学者参与比例较低，平均不足 15%。

表 2-15　2005~2014 年境外学者参与比例学科领域统计（单位：%）

分支学科	地区科学基金项目	面上项目	青年科学基金项目	重点项目	总计
G02		3.2	0.0	50.0	18.3
G0201	0.0	18.0	21.1	80.0	24.0
G0202	33.3	21.0	7.7	0.0	15.8
G0203	0.0	12.7	23.4	0.0	12.6
G0204	5.7	39.9	31.2	100.0	38.5
G0205	9.4	31.0	26.0	70.0	32.2
G0206	2.6	20.9	16.1	20.2	14.7
G0207	0.0	18.8	22.6	83.3	24.3
G0208	4.3	21.8	19.5	91.7	30.9
G0209	0.0	35.8	16.8	28.6	21.3
G0210	0.0	13.2	9.9	66.7	16.6
G0211	22.1	26.3	41.8	100.0	34.5
G0212	2.3	18.6	22.1	60.0	21.9
G0213	0.0	15.6	10.6		11.0
G0214	0.0	11.8	17.8	50.0	17.9
G0215	0.0	21.8	25.6	50.0	21.2
G0216	0.0	21.5	54.2		24.3
总计	4.1	21.3	21.1	59.1	22.8

根据项目研究成员信息统计，2005~2014 年工商管理学科面上、青年、地区及重点项目团队中港澳台及海外学者共有 1 153 人次，涉及 25 个国家及地区 301 个机构。表 2-16 列出了参与超过 10 人次的国家及地区情况，其中美国、中国香港人数较多，分别为 498 人次和 247 人次，其次是加拿大、澳大利亚和新加坡。

表 2-16　2005~2014 年境外合作国家/地区情况

国家/地区	机构数/个	人次数/人	国家/地区	机构数/个	人次数/人	国家/地区	机构数/个	人次数/人
美国	147	498	德国	10	14	西班牙	4	10
英国	26	55	中国香港	8	247	丹麦	4	12
加拿大	20	76	日本	8	12	中国澳门	3	14
澳大利亚	18	74	法国	7	11			
中国台湾	11	24	新加坡	5	60			

如表 2-17 所示，合作排名前十位的机构主要集中在中国香港、美国和新加坡，中国香港由于地缘关系，合作最为紧密，其中香港中文大学是合作最多的机构，合作数达到 86 人次。

表 2-17　2005~2014 年境外合作机构统计

机构	国家/地区	人次数/人	机构	国家/地区	人次数/人
香港中文大学	中国香港	86	香港浸会大学	中国香港	25
香港城市大学	中国香港	42	香港大学	中国香港	20
香港理工大学	中国香港	36	美国佛罗里达州立大学	美国	17
香港科技大学	中国香港	31	美国宾夕法尼亚州立大学	美国	15
新加坡国立大学	新加坡	26	美国亚利桑那州立大学	美国	14

如表 2-18 所示，各学科领域境外合作最多的国家和地区前两位主要集中在美国和中国香港，企业理论和服务管理两个学科领域合作最多的是中国香港，其余学科领域均为美国，其中组织行为与组织文化学科领域和中国香港差别较小，其他学科领域则以与美国的合作为主。另外，丹麦在创新管理学科领域、英国在技术创新学科领域，以及新加坡在项目管理学科领域都列在第二位。

表 2-18　2005~2014 年境外合作国别/地区按学科领域统计

学科方向	学科代码	第一位	第二位	第三位
工商管理	G02	中国香港（3）	美国（1）	英国（1）
战略管理	G0201	美国（50）	中国香港（15）	加拿大（13）
企业理论	G0202	中国香港（8）	加拿大（5）	澳大利亚（4）
创新管理	G0203	美国（13）	丹麦（3）	澳大利亚（2）
组织行为与组织文化	G0204	美国（44）	中国香港（36）	新加坡（13）
人力资源管理	G0205	美国（45）	中国香港（25）	澳大利亚（9）
公司财务与金融	G0206	美国（65）	中国香港（26）	英国（9）
会计与审计	G0207	美国（51）	中国香港（30）	新加坡（10）
市场营销	G0208	美国（94）	中国香港（31）	加拿大（12）
运作管理	G0209	美国（22）	中国香港（11）	加拿大（5）
技术创新	G0210	美国（11）	英国（6）	丹麦（3）
企业信息管理	G0211	美国（32）	中国香港（15）	加拿大（9）
物流与供应链管理	G0212	美国（28）	中国香港（19）	澳大利亚（8）

续表

学科方向	学科代码	第一位	第二位	第三位
项目管理	G0213	美国（6）	新加坡（3）	英国（2）
服务管理	G0214	中国香港（10）	美国（4）	澳大利亚（2）
创业与中小企业管理	G0215	美国（26）	中国香港（12）	澳大利亚（5）
非营利组织管理	G0216	美国（3）	中国香港（1）	英国（1）

如表 2-19 所示，各学科领域境外合作最多的机构前两位集中在中国香港，其中香港中文大学和香港科技大学分别在 6 个和 3 个分支学科领域合作排名第一。丹麦的奥尔堡大学和哥本哈根商学院分别在创新管理（G0203）和技术创新（G0210）学科领域排名第一。美国由于机构众多（超过 100 家），从而合作人数相对分散，只有美国圣路易斯大学在创业与中小企业管理（G0215）学科领域排名第一。

表 2-19   2005~2014 年境外合作机构按分支学科领域统计

学科代码	第一位	第二位	第三位
G02	香港中文大学（3）	美国哈佛大学（1）	英国萨瑞大学（1）
G0201	香港中文大学（9）	加拿大约克大学（5）	澳大利亚国立大学（4）
G0202	澳大利亚科庭大学（3）	香港中文大学（3）	加拿大卡尔加里大学（2）
G0203	丹麦奥尔堡大学（3）	澳大利亚新南威尔士大学（2）	德国斯图加特媒介大学（2）
G0204	香港浸会大学（11）	香港城市大学（8）	香港中文大学（6）
G0205	香港中文大学（12）	美国宾夕法尼亚州立大学（8）	美国亚利桑那州立大学（6）
G0206	香港中文大学（17）	美国佛罗里达州立大学（12）	美国纽约城市大学（7）
G0207	香港中文大学（13）	新加坡南洋理工大学（6）	香港城市大学（5）
G0208	香港中文大学（10）	香港城市大学（8）	美国西北大学（6）
G0209	香港科技大学（6）	英国格林尼治大学（4）	美国杜克大学（3）
G0210	丹麦哥本哈根商学院（2）	荷兰马斯特里赫特大学（2）	美国加州州立大学（2）
G0211	香港城市大学（6）	美国佛罗里达州立大学（5）	美国阿尔弗雷德大学（4）
G0212	香港科技大学（9）	香港理工大学（7）	美国北卡罗来纳大学（3）
G0213	新加坡国立大学（3）	美国密歇根大学（2）	美国西北大学（2）
G0214	香港科技大学（4）	香港浸会大学（3）	澳大利亚国立大学（2）
G0215	美国圣路易斯大学（6）	香港中文大学（5）	澳大利亚墨尔本拉筹伯大学（4）
G0216	美国旧金山大学（1）	美国普维敦斯学院（1）	美国韦恩州立大学（1）

第3章 学科发展布局

为了更好地推动我国工商管理学科的发展，为其提供路径支持。本章将着重介绍工商管理学科的总体发展布局。具体而言，本章将从学科各分支学科领域的优势方向、薄弱方向、交叉方向与前沿方向四个方面对学科整体布局进行梳理，以使本学科研究人员能对学科布局有清晰的了解。

3.1 优 势 方 向

自工商管理学科成立以来，在管理学部对整个学科的不断指引与支持下，工商管理学科的各个分支学科领域都取得了丰硕的研究成果，部分国内研究逐渐与国际研究接轨，并形成了本学科的优势方向。这些方向具体如下。

第一，战略管理学科领域。受到国际战略管理热点的驱使，竞争战略、利益相关者战略、创业战略、知识与创新战略等研究方向一直受到我国战略管理学者的关注。正因为学者们关注这些领域，并投入了大量的研究精力，促进了这些领域的快速稳健发展，使得这些领域逐步成为我国战略管理学科领域的优势领域方向，提高了我国战略研究的国际地位与话语权。

第二，企业理论学科领域。企业的发展与企业研究的发展都离不开相关理论的支持。对于我国企业的理论探索一直是工商管理学科的重点研究领域。不同于国际研究关注跨国企业理论与企业信息理论等问题，我国的企业理论研究更加关注公司治理理论、组织变革理论以及企业产权与制度理论等问题。受关注焦点的指引，我国企业理论在公司治理、企业产权与治理理论方面有较高的科研水平，也形成了基于这两个领域的自身学科领域优势。

第三，组织行为与组织文化学科领域。近几年来，该学科领域发展迅速，许多研究成果见诸各大国际顶级期刊中。在该学科领域的众多研究方向中，我国学者在领导力与追随力方面的研究水平最高，取得了较多的研究成果，同时，在组织与团队创造力、组织变革理论等研究领域也取得了重要的研究进展，这些领域的研究成为我国组织行为与组织文化领域研究的重点与强项。

第四，人力资源管理学科领域。近年来，人力资源管理学科领域涌现了许多新兴研究方向，如互联网以及全球化背景下的人力资源实践、工作与家庭平衡关系管理等，我国学者在这些新兴研究领域多有涉及并形成一些研究成果。同时，在该领域传统的研究领域，如薪酬与绩效评价、雇佣关系管理、员工优选与离职等方向，我国学者保持了一定的强势地位。但这也从另一个方面反映出我国人力资源管理研究主要受实践驱动，前沿理论创新能力还有待提升。

第五，会计与审计学科领域。随着该学科领域的不断发展，我国研究者对国际研究热点的把握越来越准确，并且越来越多地将国际热点研究与国内管理实践相结合，形成了一系列优势研究领域。具体而言，国内研究者在会计信息与资本市场、会计选择与盈余管理、会计信息与公司治理三个方向上取得了较好的发展，国内现有研究水平较高，这三个方向也成为会计与审计领域的现有优势方向。

第六，市场营销学科领域。2005~2014年，该学科领域在工商管理学科政策倾斜的资助下取得了较快的发展。我国学者对消费者的研究，尤其是消费者心理与行为的研究快速发展，并逐渐成长为该分支学科领域的优势方向。此外，市场营销中的品牌与服务管理研究、网络营销及基于大数据的消费者偏好与行为的研究近年来发展也极为迅速，成为极具影响的优势研究方向。

第七，企业信息管理/电子商务与商务智能学科领域。随着信息化时代的到来，企业的信息管理以及电子商务问题获得了研究者们的广泛关注，社会网络与社会化商务、移动商务等热点也成为国内外学者研究的目标。我国的学者借助国内相关研究发展的红火势头，瞄准国际国内研究重点，不断加强自身研究水平，将互联网与电子商务创新、移动商务两个领域打造成为我国企业信息管理/电子商务与商务智能方向的优势研究领域，并且在这两个领域中，我国学者进行了深入而广泛的探索，为该分支的发展做出了巨大贡献。

第八，运作管理/物流与供应链管理领域。作为工商管理学科的传统分支，该学科在不断积累的情况下形成了多个优势方向。具体而言，这些优势包括生产计划与调度研究、库存管理研究、供应链优化研究、供应链协调与协同研究四个最主要的优势方向。除此之外，该学科的产能规划、物流管理与调度等方向也有较高的研究水平。

第九，服务管理学科领域。该学科领域在工商管理学科中起步较晚，但该学科领域的学者能够紧跟国际学科领域热点，在服务创新、服务营销、服务过程中的顾客体验等领域快速积累研究经验，做出具有独特学术贡献的研究，取得了不俗的成果，并快速拉动国内其他相关研究领域的发展。因此，服务创新、服务营销、服务过程中的顾客体验三个领域成为我国服务管理的优势方向。

第十，创业与中小企业管理学科领域。面对我国中小企业中家族企业较多的国情，国内学者对家族创业与永续经营开展了积极探索，取得重要进展并使得该研究方向成为此分支学科领域的重点发展方向。除此之外，受惠于社会网络与社会资本研究的兴起，国外越来越多的学者开始探讨创业与管理领域中社会网络与资本的作用，我国学者紧跟国外学者的步伐，在这一研究方向取得了突破性的进展，国内研究水平得到提高，因而使得创业网络与社会资本研究方向成为该学科领域的又一优势学科方向。

3.2　薄　弱　方　向

自工商管理学科成立以来，在国家自然科学基金的大力支持下，其各个学科领域研究得以快速发展，并取得了丰硕的研究成果。但是，与国际优秀研究相比，各分支学科领域还存在一些明显的薄弱环节，具体而言，这些薄弱领域如下。

第一，战略管理学科领域。该学科领域最早起源于西方，虽然长期以来受到了中国管理学者的重视，但是出于种种原因，该学科领域的国内研究与国际研究之间还是存在着巨大的差距,尤其是在组织网络与学习、战略领导、战略过程以及行为战略这四个研究方向比较薄弱。其中尤以行为战略与国际发展水平相差最远。这可能是行为战略属于行为学与战略结合的新兴交叉学科,国内学者对该领域的把握不够、没有引起足够的重视造成的。因此,为了使国内战略管理研究跟上国际步伐,中国战略管理研究依然还需要所有研究同仁的共同努力。

第二,企业理论学科领域。中国近年来在该领域的研究取得了一些不错的成果,如依照中国国情,结合中国传统文化的特点,提出了极具中国特色的企业理论,给中国企业理论的后续发展指明了道路。但是通过分析,我们发现,即便国内企业理论研究取得了一定的成果,在国际前沿研究方面,依然存在较为薄弱的环节,主要集中在跨国企业与跨国投资理论方向、信息理论与企业方向以及组织变革理论三方面。而这无疑不利于中国企业实践的发展,因为随着全球化与互联网时代的到来,跨国企业正逐渐成为企业的发展趋势,对该方向的研究不足会直接导致中国企业在跨国发展实践遇到困难与瓶颈时无法可依、无据可循,从而无法对中国企业实践提供支持。而对信息理论方向的关注不足会直接导致中国企业在互联网时代落后于人。因此,加强这三个薄弱环节的研究不仅是学科建设的需求,更是中国企业发展的现实需求,我国的企业理论研究学者应该对其给予足够的重视。

第三,创新管理/技术创新学科领域。由于该学科领域本身强调创新的特性与整个学术界一致关注创新的焦点重合,所以该学科领域一直是我国学者关注的重要领域。总体而言,该学科领域国内发展研究能够与国际发展研究保持步调一致。但是通过分析回顾,在创新绩效/创新能力等方面,国内的研究还存在不足,相较于国际,处于较为落后的位置。

第四,组织行为与组织文化学科领域。随着中国传统文化越来越受到国内外学者的重视,中国组织文化研究获得极大的发展,逐渐成为组织行为与组织文化领域的优势方向,受到国际学者的关注。但与此同时,组织行为中的个体动力机制以及恶性组织行为研究依然是该领域的薄弱方向,国内学者对这两个方向的研究探讨明显不足。而如果不能明白个体动力机制,势必无法更好地引导员工行为向有利于组织发展的方向变化;恶性组织行为研究的不够深入,也会出现组织成员难以应对该行为的局面，这无疑都是不利于组织生存发展的。所以，中国的组织研究学者可以在这两个薄弱环节多下功夫，为组织稳定有序发展做出自己应有的贡献。

第五，人力资源管理学科领域。近年来，受益于中国经济的飞速发展，中国企业的发展速度也稳步增长。而作为企业发展支持版块的人力资源管理伴随着企业的快速发展，也取得了不错的成果。但该学科领域的国内研究在互联网以及全球化背景下的人力资源管理方面依然离国际先进研究还有一定距离，主要表现在国内研究对于互联网于人力资源管理中的研究不足，企业人员的跨国外派问题等没有受到中国学者的足够重视。如果这些顺应时代的问题不能得到很好的解决，在未来，人力资源就无法对企业运营做出应有的支持，所以深化这些方向的研究也就成为人力资源管理发展的必须。

第六，会计与审计学科领域。在该领域，目前中国学者的研究虽然紧跟国际热点研究步伐，但受制于自身研究局限，中国该学科研究成果在国际重要期刊上的发表相对较少，学科研究存在明显的短板。具体来说，此领域的薄弱方向主要有三：一是税务会计研究方向，二是政府审计研究方向，三是成本系统研究方向。其中，成本系统研究最为缺乏。此三个薄弱环节如果在未来得不到改善，会对整个会计审计学科带来巨大的负面影响，所以，如果要保证未来会计审计研究的顺利发展，这三个方向的研究必须受到国内研究者的足够重视。

第七，市场营销学科领域。该领域的国内研究与国际研究存在一定的差距。具体而言，该领域的薄弱环节主要包括四个方面：一是新产品开发与创新管理，二是广告/促销/营销沟通与销售管理，三是社会责任、可持续营销、绿色营销，四是数据驱动营销与客户关系管理。其中，关于新产品开发与创新管理、数据驱动营销与客户关系管理两个方向的国内研究最为不足。由此可见，国内市场营销研究还有巨大的进步空间。

第八，企业信息管理/电子商务与商务智能学科领域。就该学科领域而言，中国学科发展水平与国际学科发展水平比较接近，得益于中国电子商务蓬勃发展等因素，中国部分相关研究处于国际前沿。但依然存在一些薄弱环节，这主要体现为部分国内学者在方法论和学术视野方面仍待加强，对于行为视角和经济学视角研究中引入企业外部数据以及技术视角研究引入用户感知检验的"用"与"造"的融合应进一步引起重视。

第九，运作管理/物流与供应链管理学科领域。该学科领域一直属于工商管理学科的传统优势学科领域，在供应链优化等方面有着国际一流的研究水平。但是在库存管理与服务运作管理两方面稍显不足，落后于国际研究，因此需要国内学者在这两个方面投入更多的精力，以赶上国际研究，保持中国运作管理/物流与供应链管理的国际领先地位。

第十，服务管理学科领域。作为工商管理学科新兴的分支学科领域，虽然国内研究起步较晚，但是国内研究能够做到紧跟国际研究热点，因此国内该领域的研究与国际研究相比差距较小。但是在医疗卫生服务研究方面依然存在一定的差距，这也从一个侧面反映出中国服务管理研究领域与其他学科交叉不足的问题。而医疗卫生服务由于其自身的特点，在社会生活中扮演着重要的角色，如果能解决好医疗卫生服务问题，那么就有可能带来和谐的医患关系、简化的医疗流程、个性化的医疗措施等诸多益处，因此加强该分支领域中医疗卫生服务的研究非常有必要。

3.3 交 叉 方 向

总体而言，工商管理学科交叉研究指导方向可分为三个：第一，工商管理学科内部的不同分支学科领域之间的交叉；第二，与管理学部其他学科之间的交叉；第三，与其他学部学科之间的交叉。具体如下：

第一，战略管理学科领域。由于战略管理研究本身涉及的考量因素很多，因此它与其他学科的交叉就成了必然。在学科内，战略管理可与国际商务、创业管理、创新管理等新兴分支学科进行结合，进一步推动新兴分支领域的发展，为学科内部创新提供保障。同时随着大数据时代的到来，战略管理研究与信息科学交叉有利于企业战略适应时代的发展。此外，由于战略的制定是一个人为过程，所以其天然属性决定了它可以与社会学、心理学、行为科学等学科进行合作研究。除此之外，战略管理研究与经济学、数学等学科的交叉也有利于为战略管理研究提供更加客观的研究视角。

第二，企业理论学科领域。在经济全球化与企业经营国际化的推动

下，企业一方面要保持自身的经济利润，另一方面要面对国际化过程中
的各种复杂问题。因此，就经济方面而言，企业理论既可与本学科的公
司治理、财务会计交叉，也可以与其他学科的经济学、金融学进行交叉。
而就企业理论所面临的复杂性而言，它则可以与政治学、生态学，甚至
法学等学科进行交叉尝试，以向人们揭示企业在动态环境中的发展轨迹
以及保障其永续发展。

　　第三，组织行为与组织文化学科领域。在学科内部的交叉方面，该
分支学科可与管理科学与工程交叉，用以研究组织内个体或团体的动态
决策过程。在学科外部交叉方面，可以和许多学科进行合作，如与心理
学交叉，用以探究员工动机与行为机制；与社会学交叉，用以探究团队
的群体行为过程以及领导者的权力结构与领导行为的关系；与生物学交
叉，通过基因测量的方式探索员工行为的内部驱动力；与神经学交叉，
通过 FMRI 等神经学研究方法探索个体的认知与学习过程；与医学交叉，
探索快乐工作模式等。

　　第四，人力资源管理学科领域，由于在大数据时代与互联网时代的
双重背景下，现代信息通信技术对员工的工作方式，乃至与组织的心理
契约都有重大影响，因此，该领域与信息科学、管理科学与工程的交叉
研究就显得尤为重要了。同时，由于人力资源管理涉及对员工行为的管
理，而工作场所中人的行为最难判断和预测，所以需要从员工自身内外
两个方向系统研究雇员行为。而行为科学（如组织行为学）与心理学无
疑为此类研究提供了方便。此外，人力资源管理也可以与经济学相结合，
因为人力资源管理的实质是机制建设，而机制建设的核心又是利益的分
配，因此要有效地解决企业的人力资源管理，与经济学相关领域相结合
就非常必要了。当然，又因为人力资源管理中的劳动关系管理涉及社会
管理问题、法律体系的构建及政治学中有关罢工权等问题，因此人力资
源管理在未来的研究中还能够与法学、社会学等学科进行结合。

　　第五，会计与审计学科领域。其学科交叉有如下几方面：首先，可
以将心理学、语言学与信息披露联系起来，深入研究管理层利用其信息
优势，在信息披露中进行"语调管理"或者"语义"管理的动机和经济
后果。其次，可以与公司战略行为融合，探索公司社会责任与非会计信
息披露间的关系，如企业如何披露公司的社会责任履行情况及所产生的

效果等。最后，还可与信息科学进行对接，研究诸如云审计模式等新兴领域。

第六，市场营销学科领域。由于该学科领域自身包容性的学科特点，该学科分支能够与其他多种学科相结合。营销渠道管理可以和公共管理学科结合，探索如何采用一些机制设计来减少渠道成员的机会主义。消费者研究可以与心理学、神经科学研究结合起来，探究人们的购买行为。同时，为了提升客户价值挖掘工作的效率和效果，市场营销还可以与人工智能结合，使用机器学习的方式对客户行为数据进行分析。并且，随着互联网的不断发展，市场营销还能与信息学以及商业模式等学科结合，探索网络环境下的消费者行为以及网络广告效力等前沿问题。

第七，企业信息管理学科领域。随着企业信息管理研究范式的变化，企业信息管理研究既可以将企业信息管理看做企业日常运营的支持性工具来研究，也可以研究其对企业独特的非支持性贡献。当将其作为支持性工具进行研究的时候，其与企业价值创造领域（如商务模式与运作等）的交叉能使得它更好地为企业发展提供保障。当将其作为价值创造工具来研究的时候，它与消费者行为学、医疗管理科学、市场营销学、数理科学的跨学科互动无疑会带来企业信息管理领域的革新发展。

第八，运作管理/物流与供应链管理学科领域。在工商管理学科内部，它可以与市场营销学交叉研究。因为当前企业营销手段日益多元化，企业的营销活动将改变消费者的行为，进而影响企业的运营活动，所以有必要对这些因素联合考虑，开展对企业联合决策研究。在工商管理学科外部，它可以与心理学、行为科学交叉。采用心理学的方法探究物流现场操作人员的行为特征，将行为科学、行为运筹的研究方法与物流系统仿真结合，从物流现场操作人员有限理性的角度切入，构建更加贴近现实物流操作环境的物流仿真体系，平衡物流操作者的行为习惯与物流系统的效率改进，精准挖掘物流系统更加人性化的运作机制。同时，它还能与信息科学交叉，与物联网、云计算、大数据融合与发展，探索大数据时代下的运作管理与物流管理议题，揭示海量数据对运作管理决策的影响趋势。此外，它还能与金融管理研究交叉，研究运作决策对企业财务经营决策的影响等。

第九，服务管理学科领域。在学科内部，该学科领域研究可以与市场营销、信息管理、运营管理等学科领域进行交叉。在学科外部，该领域还可以与医学、信息工程、数理科学等重要学科进行结合，用以探究提高服务管理的方法，以及为特殊领域的服务管理（如医疗健康服务）做出自身特有的贡献。

3.4　前 沿 方 向

根据现有对工商管理学科各分支学科领域发展的现状分析，通过与国外研究境况的比对，结合"十三五"学科规划的总体指导思想与方针政策以及中国的需求，本学科在未来发展的前沿方向总体以市场营销管理、电子商务与企业信息管理为突破口，加快战略管理、企业理论、金融与公司财务、会计审计、运作管理的本土化进程，继续培育服务管理、创业管理、项目管理与非营利性组织管理等年轻学科领域，进一步优化本学科的学科结构，深化各个学科领域的发展，保障学科资源的有效统筹与供给，真正推动整个工商管理学科的协调发展。具体而言，本学科的前沿方向如下：

第一，继续加快本土化研究发展，进一步推动中国特色管理实践的探索和基于中国管理实践的理论创新研究。随着中国工商管理学科的不断发展，本学科的学者已经由最初的学习、模仿与跟踪西方研究逐步向独立探索前沿和自主理论创新的研究方向转变。中国独特的国家发展需求以及区别于西方的特殊国情要求中国管理学科的研究学者更加关注中国本土化问题，而不再仅仅是在中国情境下验证西方管理理论。虽然企业管理理论研究方面目前已有部分学者提出了契合中国特色管理实践的相关理论，但是这些理论仅仅处于雏形阶段，并不完备，因此需要中国工商管理学者的共同努力，对这些理论进一步凝练，以形成成熟的管理理论。此外，中国悠久的传统文化对中国式管理实践有巨大的影响，因此，本学科在探索本土化研究的时候，应该进一步考虑中国文化的特有国情，从传统文化方面来探究中国的管理问题，如研究儒家文化对于企业高层的领导行为影响、权力距离在上下级交换中的作用等，真正做到"东学为体，西学为鉴"。

第二，持续"情境化研究"探索。由于工商管理学科自身的研究特点与学科特性，本学科存在大量的"情境嵌入"与"情境依赖"问题。在这些研究中，不同的情境往往会对研究造成不同的影响，如不同的制度情境中，领导力与员工绩效之间的关系就可能存在很大的差别。由于情境会影响理论的可靠性，而管理学科的大部分分支学科领域的研究对象又大量存在这种情境干扰问题，因此，工商管理学科前沿研究应当在未来进一步理清各情境因素的作用，依靠工商管理学科的研究资源，将情境纳入现有理论框架，真正形成一批"情景化研究"成果，推动学科创新，逐步形成具有中国情境特征的学科布局。

第三，鼓励学科交叉研究，加大交叉研究的投入力度。随着单一学科的研究逐渐走向成熟，学科的发展速度逐渐放缓，突破性成果减少。如何打破这种僵局，保持工商管理学科的研究活力成了未来研究必须面对的问题。根据现有研究经验以及学科未来发展趋势，我们发现学科交叉已经成为本学科持续发展的必然。不同学科之间的跨学科交叉研究不仅能够不断为已有研究带来新的发展（如市场营销与神经科学的结合就为市场营销领域开拓出神经营销学这一新兴领域），同时也能够为研究带来新的视角与思路，进而激发现有研究向前发展。基于此，我们认为，学科之间的交叉研究必然会成为未来研究发展的方向。

第四，紧跟国际步伐，推动优势学科走向世界，提高中国管理研究的国际话语权。虽然中国工商管理学科研究在近年来取得了长足的进步，但我们的研究成果依然没有受到国外学者的足够重视，国际话语权还不够。因此，为了提高国际影响力，我们应当利用企业信息管理、运作管理、供应链管理、电子商务管理以及大数据驱动的商务管理等领域累积起来的研究优势，缩小与国际学科前沿的差距，并在细分领域做出具有国际一流水准的学术研究贡献，再经过一段时间的沉淀发展，使得中国工商管理学科研究能够真正跟上国际研究步伐，并最终带来国际竞争力。

第五，加大学科创新力度，加快学科各分支学科领域研究的创新步伐。学科进步的原动力来自于创新，因此，为了推动整个工商管理学科研究的发展，创新依然是"十三五"规划的学科前沿发展方向。具体而言，创新包括三方面内容——理论创新、方法创新、研究范式创新。在未来学科的发展中，我们要争取做到以研究范式创新为先导、以方法创新为支撑、以理论创新为目标的链条式创新发展模式。在工商管理学科的各个分支学科领域中，引入全新的研究视角、探索新颖的研究方式、寻找具有独特贡献的理论，全方位、多层次、结构化地推进学科创新的发展。

第六，孕育新兴学科领域，保障整个学科的可持续发展。在工商管理学科的未来前沿发展方向中，将恶性组织研究、组织变革、服务管理、创业管理、创新管理、非营利性组织管理等新兴领域作为学科发展增长点，积极参与国际合作与竞争，争取在较短时间内达到国际水准。同时，在今后的前沿方向中，进一步挖掘本学科领域的其他潜在新兴研究，为中国工商管理学科的发展保驾护航，让本学科真正走上可持续发展之路。

第4章 "十三五"期间优先发展领域

4.1 优先发展领域遴选的基本原则与方法

4.1.1 优先发展领域遴选的基本原则

本次工商管理学科优先领域的遴选主要依据以下几个原则展开：

（1）突出战略在整个领域遴选过程中的作用。优先领域遴选以基金委管理科学"十三五"战略意图，即"服务国家2020发展战略"为基本导向。"十三五"是我国科技、经济和社会发展的关键时期。2020年既是"十三五"规划完成的时间节点，也是我国实现"三步走"奋斗目标的关键节点。因此，工商管理学科"十三五"规划的制定需要充分反映国家战略目标的要求。为了突出战略在遴选过程中的作用，课题组邀请专家参与重点领域遴选的战略研讨会，一方面，发挥专家在本次战略制定中的作用；另一方面，保证专家在进行领域遴选时能充分考虑到基金委的战略目标。

（2）针对多学科交叉的优先领域进行战略研究。交叉领域既包括工商管理学科内部各学科领域之间的交叉、管理科学部内部学科的交叉，也包括跨科学部进行学科交叉的重大交叉优先领域。科学部内部学科交叉优先领域的战略研究以服务"十三五"期间重点项目和部分重大项目立项为出发点，结合国家战略需求，立足于我国的研究态势、资源优势和人才队伍情况，切实提升我国工商管理学科的研究水平和国际地位。跨科学部交叉优先领域的战略研究以服务"十三五"期间部分重大项目和重大研究计划立项为出发点，争取在解决我国可持续发展和提升国民健康水平的深层次关键科学问题、促进我国经济转型和产业升级的共性技术开发等方面，提出并凝练具有战略意义和带动效应的重大学科交叉性优先领域。

（3）强调顶层设计与文献计量相结合的方法。顶层设计有利于发挥专家的洞察力与前瞻性，文献计量的价值在于更为客观、充分、细致地反映某个具体领域的研究现状和发展趋势。本次优先领域的遴选采取了"自上而下"与"自下而上"相结合的工作方式。课题组一方面采取文献计量的方式对每个领域进行文献分析；另一方面通过研讨会和问卷的方式征求各领域专家的意见。

（4）保持工商管理学科发展的延续性。在进行领域遴选过程中，课题组充分考虑了"十二五"期间各子学科的优先发展领域。在遴选过程中坚持这一原则主要出于三方面考虑：首先，能够保障战略的一致性。学科的健康发展需要相对稳定和一致的战略目标。领域上的延续性有利于战略的一致性。其次，能够使得有一定学科基础的领域得到持续支持。科学研究的周期可能要超过规划的跨度。要使得某个领域获得领先地位，持续的投入具有一定的必要性。最后，保持延续性也能够充分体现"优先领域应该有一定发展基础的学科"的总体原则。

4.1.2 优先发展领域遴选的方法

1. 步骤与方法

（1）备选领域（领域方向）的形成。备选领域是通过文献分析和小范围专家调研共同产生的，其中文献分析包含期刊、会议及政府和行业的相关政策性文件及报告等资料。课题组首先成立了文献分析工作组，按照学科领域分成 12 个小组。各小组在小范围征询专家意见的基础上，共遴选出 200 多个国内外一流学术刊物及若干权威国内外学术会议，50 000 多篇文献，形成了覆盖 12 个工商管理学科主流学科领域的 160 个主题领域。在此基础上，我们在各个主题领域对国内外研究进行了比较，对学科领域进行了关键词分析及学科领域的关联分析，最终形成了备选领域（领域方向），并且给出了潜在的重要交叉领域。

（2）我国科研力量分析。主要由对基金委 2005~2014 年资助项目类型、资助项目领域进行分析获得，包括各年项目总资助率、分类项目资助率、各学科领域资助数量、各学科领域资助比例、研究团队等。这有助于我们更好地了解我国科研队伍现状，以便结合文献分析和专家调研的结果，确定需要优先资助的研究领域。

（3）初次凝练。初次凝练过程是在备选领域的基础上通过大规模的专家问卷分析完成的。为了保持连贯性，我们基于"十二五"问卷，结合文献研究结果和小范围专家意见，设计了网络版的调查问卷，采用实名制进行调查。我们设计的问卷包括封闭式和开放式问题，其中封闭式问题主要基于前期的文献分析。与以往相比，此次调查加大了开放式问题的体量，便于专家自由发挥。我们通过基金委，向国内外工商管理各学科领域的专家发放了填写问卷的邀请，所选择的各领域专家均是活跃在研究一线的学者，能够代表该学科领域的主流研究方向与水平，具有代表性。截至 2014 年 8 月 30 日，共收到 1 000 余份有效反馈。通过这些问卷，我们可以进一步分析文献计量得出的初步结论，以确定目前各学科领域的研究现状及未来研究趋势。尤其是通过对开放式问题回答的总结，我们得出了专家对重点研究领域、交叉研究领域、工商管理情境变化、中国相关问题等多方面的观点。

（4）二次凝练。二次凝练成果主要依靠专家座谈在对初次凝练结果进行研讨的基础上形成。课题组共布置了 8 次专家座谈会，覆盖了工商管理的 12 个学科领域，共有 120 多人次专家参与了座谈。依靠专家座谈，使得初次凝练相对较为分散的领域逐步集中并汇聚共识，同时对一些有争议的领域，尤其是文献计量和专家问卷出现较为明显偏差的领域，二次凝练产生了相对较为收敛的结果。专家座谈还指出了一些我们需要进一步加强的工作。

（5）三次凝练。三次凝练主要是通过学科评审会专家和"十二五"规划的领域分析，对二次凝练形成的领域进行修正和补充。其主要目的是：一方面使得优先领域在注重基础理论的基础上，在问题表述方面尽量体现实践导向；另一方面是保持与前 5 年重点支持的领域具有一致性。

课题组工作路线如图 4-1 所示。

2. 数据来源

（1）文献数据来源。在进行文献分析时，用到的数据分为如下几个

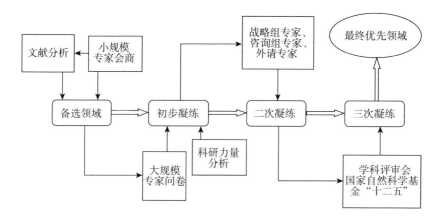

图 4-1 课题组工作路线 (优先发展领域遴选的方法)

部分：国内期刊、国际期刊、国内会议、国际会议、政府报告、行业报告等。各类文献的选取均考虑了领域的相关性及影响因子等因素，并在小范围内征询了相关领域专家的意见。政府报告相关文献的加入，使得我们的分析能够包含宏观政策的影响，并服务于国家战略；行业报告的加入，使得我们的分析能够更多地考虑企业的需求，更好地体现工商管理学科研究的实践要求。

（2）问卷调查数据来源。战略规划研究小组以国内知名工商管理领域专家学者为调查对象发放网络版实名制问卷，回收 1 000 余份。

（3）战略组、咨询组以及外请专家评议。经文献计量与三方调研问卷分析结果得出拟确定的优先领域，在此基础上由战略组、咨询组以及外请专家们对这些备选领域进行分析讨论，最终确定哪些领域为优先领域。

4.2　学科优先发展领域方向

4.2.1　各学科领域优先方向

1. 学科领域 1：会计与审计

（1）大数据时代会计信息披露及其作用。大数据的理念，无论是在实务界还是在学术界，都开始受到越来越多的重视和关注。大数据在各个领域的广泛应用，不但能够产生可观的实际效益，而且能对研究人员开阔视野、转变思维模式起到巨大的作用。除了充分利用海量的较易获得的企业会计信息，会计学科还需要能够从其他数据来源（如文本类信息）建立会计大数据基础库。在此大数据的基础上，会计信息披露、信息传播方式和速度，以及会计信息的作用都亟须会计学科进行深入挖掘。

（2）会计在宏观经济预测和企业战略不同层次研究中的作用。企业战略对于企业发展至关重要，而企业战略制定需要高质量的会计信息，包括企业自身的信息和外部其他企业的信息。为此，会计信息质量和披露应该对行业内有关公司的战略制定产生重大影响，进而影响企业绩效。会计在宏观经济的预测中也同样具有重要作用。已有的国外研究发现可以利用会计信息预测 GDP 这一重要的宏观经济指标。更为重要的是，会计影响企业战略与行为乃至宏观经济发展绩效，这一连接微观与宏观的传导机制的重要理论基础是什么？这一问题需要深入研究做出回答。与此同时，在中国的文化、政治、经济等环境下，会计信息是否能在宏观经济预测中发挥作用以及如何发挥作用是今后应该关注的课题。

（3）国有企业改革中的会计与治理问题。国有企业改革问题在未来相当长的时间内都是中国经济改革和发展的关键问题。党的十八大报告指出，"要毫不动摇巩固和发展公有制经济，推行公有制多种实现形式，深化国有企业改革，完善各类国有资产管理体制，推动国有资本更多投向关系国家安全和国民经济命脉的重要行业和关键领域，不断增强国有经济活力、控制力、影响力"。而要真正建立国有企业的现代企业制度，实现国有企业的保值增值，增强国有经济活力、控制力、影响力，以及解决国有企业不断推出的新的改革中（如混合所有制）出现的问题，都迫切需要加强和完善国有企业的会计与治理问题。

2. 学科领域2：企业信息管理

（1）平台生态系统价值共创机理与商业模式创新问题。信息技术的迅猛发展改变了人们的生产和生活方式，平台生态系统的出现使人们通过快速的数据整合和分析，形成新的洞察力。因此，综合应用多边市场理论、产业经济学、市场营销理论、行为科学以及战略管理等理论知识，深入探讨平台生态系统中的价值共创机制，以及围绕价值共创构建的商业模式及其创新机理就成为今后研究的前瞻性科学问题。

（2）移动商务相关理论、方法及创新模式研究。一方面，移动互联网和智能手机的快速发展，改变着消费者的行为模式，使得企业面临的经营环境发生了巨大的变化。另一方面，互联网和移动电子商务使数据资源快速进入大数据时代。在此背景下，原有的商务模式已经不能很好地适应新环境。因此，如何在大数据背景下探索新的商务模式是当前需解决的紧迫课题，而移动商务的相关理论研究将有助于大力推动商业模式的创新与变革。

（3）大数据研究议题。近两年，大数据的概念不断渗透普及，大数据已经成为人们面临的一个重要现实问题。首先，企业内外部数据融合与集成应用。对于企业来讲，企业外部数据应当得到更多重视，以便与企业内部数据一起进行分析处理，支持管理运作和决策。因此，企业内外部数据融合与集成应用研究值得重点关注。其次，通过大数据分析更好地了解客户、业务和竞争，进行面向数据商务的创新与转型升级，基于商务分析的企业核心能力构建，势必成为未来研究热点。最后，大数据背景下，电子商务飞速发展，我们已经进入一个数据化时代，数据将重塑现有商务空间，从而带来一场商务革命，而能够挖掘这个数据"金矿"的是商务智能技术。因此，在大数据环境下，商务数据分析方法创新以及商务智能应用模型创新值得重点关注。

未来 5~10 年，IT 新技术发展将继续更深、更广地影响人类社会的生活与行为，企业信息管理学科也会在实践需求和技术驱动下更快速地发展。如下的研究方向将是学界与业界十分关注的。

在信息管理领域，关于"信息与组织"，IT 使能的企业模式创新、价值发现的研究将成为未来关注的热点。其中，关注中国情境下的信息管理实践，探讨现有理论的适用性、情境因素的调节作用以及适应国情与文化的理论创新将更具引领性。而要更好地构建新的理论解释中国情境下的信息管理实践，还需要采用定量研究和定性研究（如案例研究、民族志、行动研究等）以及实验法结合的方法论。

在电子商务领域亟须解决新兴电子商务中最具基础性和开拓性的科学与技术难题，发现和诠释新兴电子商务的运行规律，构建新兴电子商务的理论体系，依次提升我国电子商务和整体经济的创新能力与产业效率。其中包括大数据驱动的个性化电子商务，新型电商模式发展理论与技术及其政策环境，智慧物流系统，如建立标准化的数据库和知识库、研发面向物流大数据的深度解析与决策支持平台、探索物流大数据中潜在资源和价值挖掘及最优化解决方案的智能化技术等研究议题。

商务智能领域将更加强调以下几个方面：①以管理问题为导向的多视角分析；②BI/BA 使能（BI/BA-enabling）的商业模式创新；③移动商务相关理论与方法及创新模式；④大数据驱动的新的商务模式等相关理论与技术研究；⑤大数据技术的企业内外部数据融合与集成应用；⑥基于大数据商务分析、面向数据商务的创新与转型升级和企业核心能力构建；⑦大数据环境下的商务数据分析方法创新以及商务智能应用模型创新；等等。

3. 学科领域 3：企业理论

（1）转型背景下企业与政府的关系研究。首先，制度的力量仍然非常强大。中国特色的制度环境因素及其变迁对中国企业战略施加的影响以及企业战略对制度环境的反作用力，对传统的企业理论提出了新的挑战。例如，在转型经济背景下对创新政策的讨论，需要回溯到企业与政府在创新过程中的关系上，尤其是国有企业改革、民营经济发展的背景下，企业与政府之间的关系对创新的影响尤其值得深入研究。加强这方面的研究，一方面有可能突破理论边界，贡献新的理论视角；另一方面可以很好地总结中国企业的成功经验，有助于建立中国企业管理理论，指导中国企业实践。

（2）中国企业与市场边界的动态演化。中国改革开放 30 多年来，市场和企业边界一直是一个不断变化的过程，这一过程在某种程度上体现了我国经济改革的进程和重点领域。进一步针对这一问题进行深入研究，有助于搞清楚未来市场边界和企业边界的演化方向，指导未来的市场化改革。

（3）中国企业的国际化研究。中国崛起的标志之一是中国人和中国企业的全球化。中国企业国际化的过程中，表现出与以往发达国家既有一致又有显著不同的特点。那些一致的地方可能很容易被已有的国际化理论解释，而有显著不同的地方，却不能够为现有的国际化理论所解释。例如，中国企业的国际化并没有按照国际化理论中的预测的那样"按部就班"——出口、绿地策略、合资、独资或并购，反而直接利用并购这种模式。这些以往理论不能解释的现实，恰恰是中国国际化实践能够贡献新的国际化理论的契机。同时，中国企业理论研究也应该为中国企业国际化这一过程的顺利进行提供理论指导和政策实践，把握中国发展背景下的企业如何利用国际化来构建优势，成为世界性的跨国企业。

4. 学科领域 4：战略管理

（1）新兴市场国家跨国公司理论与实践。随着经济全球化的深化，全球竞争格局发生了重大变化。在全球战略领域，最重要的变化在于新兴市场国家跨国公司的兴起。在这方面，从理论上到实证研究都缺乏系统研究。而中国企业在全球市场的崛起对于现有的跨国公司理论和实证研究的范式都是挑战，是非常值得研究的问题。具体而言，中国企业走出去的战略路径与原有发达国家企业全球化的路径和条件是不一样的，而企业全球化步伐加快，需要理论指导和总结，需要重点研究全球化背景下的企业并购与整合战略。

（2）制度转型条件下的企业战略选择与组织变革。当前，制度环境在加速变化过程中，这将对企业战略成长的倾向性产生深刻的影响。过去，企业习惯于从制度红利中获取成长机会和发展动力，而在当前环境下，企业必须进行根本的调整才能适应新的制度转型，才能追求可持续性成长。因此，研究制度转型条件下企业战略选择和组织变革的规律对指导中国企业持续发展有重要意义。

（3）企业创新生态与组织创新。中国企业创新生态的快速发展迫切要求构建适合中国国情的创新生态与组织创新的理论模型，并研究创新生态与组织创新之间的互动关系，以及企业内促进创新的机制和企业间协同创新的模式。探讨的问题包括：组织如何通过恰当的激励制度来促进突破性创新的技术；组织的哪些文化因素能够提高突破性创新的成功比例；组织间如何通过知识与信息分享和利益分配等机制促进协同创新；等等。

　　5. 学科领域 5：服务管理

　　（1）新技术环境下的服务营销理论研究。服务营销理论以往主要关注人际服务，随着互联网的普及，服务模式和消费行为发生了巨大变化。研究新技术环境下的服务偏好和选择、服务体验和服务质量、动态和人机互动的服务模式、平台型企业的服务模式和生态环境的构建、顾客全程参与的服务价值创造等问题显得紧迫而必要。

　　（2）服务创新的驱动机制和战略模式研究。信息通信技术的发展与广泛应用推动了服务业内部结构升级和产业融合，并带动了现代服务业爆发式增长。因此，许多传统企业向服务转型，服务成为企业利润新的增长点，进行服务创新的研究对于提高企业、政府等各类型组织的服务能力、组织绩效具有重要理论意义和实际应用价值。然而，服务创新活动与制造业的创新活动差别很大，是一个受制度、组织文化和社会环境影响很大的活动。学界对服务企业创新能力的特性、内容、影响创新服务提供的因素和驱动机理还缺乏细致的研究。此外，网络环境下的平台服务日益成为现代服务业的主流模式。在该环境下，如何进行服务创新、如何进行价值共创等，均与传统的服务创新有许多不同之处，值得深入研究。

　　（3）服务信息化与产业转型升级研究。已有的文献研究表明，产业转型升级离不开工业信息化，更离不开服务业信息化；而且，随着工业化水平的提高，服务业信息化与产业发展的关系将更加密切。结合"大数据"时代的机遇与挑战，剖析该背景下服务业信息化的趋势、路径，尤其是深入探求"大数据"时代服务业信息化对中国产业转型升级的价值链攀升效应、产值效应和就业效应等，进而为中国信息化战略和产业转型升级提供有价值的政策建议，无疑具有重要的理论意义和实际意义。

　　6. 学科领域 6：创新管理

　　（1）创新网络的构建与治理。企业的技术创新活动越来越依赖于创新网络为其提供更多有价值的资源和信息。企业技术创新网络具有网络行为主体资源与能力的异质性、行为主体创新行为的协同性、网络联系的开放动态性、行为主体创新成果共享性等特征。关键的科学问题主要表现在两个方面：①创新网络形成机理及演化研究。复杂创新网络是一种特殊的网络组织，是组织间关系的集合，从组织间关系及网络结构两个维度，构建复杂创新网络的特征框架，并分析这两个维度特征间的关系。②创新网络治理机制研究。结合复杂创新网络的特征，研究在这种特殊形态的网络组织中组织间合作的类型和特点，研究既定的网络结构对合作方式的影响，建立网络结构对合作方式的影响模型，并分析不同合作方式下企业的行为差异。

（2）知识产权与技术标准战略。中国已经形成了一个世界上体量最大的制造业体系，但支持庞大体系的原创技术基础比较薄弱，基于知识产权和标准的技术竞争力不强。技术创新战略、知识产权战略和技术标准战略三者密切相关，技术标准战略的制定是以大量的知识产权作支撑的，知识产权战略的基石则是技术创新。关键的科学问题包括：①知识产权信息的充分挖掘及利用。例如，随着大数据分析技术的发展，可利用公开的专利数据库分析新技术发展趋势、演化路径，进行创新监测，制定企业研发方向，专利陷阱规避等。②知识产权的保护。例如，通过对技术和市场的判断，采用专利或者技术秘密的方式有效地保护技术。③知识产权运营。知识产权的价值化是无形资产资源充分利用的体现，产权的转让与许可、品牌价值、知识产权抵押质押等。④技术标准化战略。它是实施知识产权战略、技术创新战略的最高层次的境界，构建自主知识产权技术标准，才能获取企业在国际上的技术话语权。

（3）商业模式创新。企业创新能力的一个重要方面就是资源的整合能力。单一的技术突破越来越难于产生直接的商业效益，只有构建恰当的商业模式，将各类创新主体和资源整合在一起，才能真正实现创新的突破。关键的科学问题包括：①企业家精神与商业模式创新。大量商业模式创新的事例显示，商业模式创新复杂、艰难、风险大，成功进行商业模式创新离不开企业家精神。从理论上探讨企业家精神在商业模式创新中的意义十分重大。②基于互联网的商业模式创新。互联网环境下，行为主体及其创新模式均发生了变化，众包、众筹、跨界等现象频频出现，缔造了新的价值网络和价值链，基于互联网的商业模式创新研究有很强的实践意义。

7. 学科领域 7：创业与中小企业管理

（1）国际创业理论研究。国际创业成为当前创业研究的一大热点领域，因其创业过程跨越了不同的制度环境，突破了传统创业的地域限制，产生了新的创业研究问题。例如，发展中国家企业到海外创业过程中，如何面对发达国家对新兴的国际化力量的抵触以及发展中国家制度缺陷的影响？海归创业者在回到母国创业过程中，如何适应母国已经变化了的制度环境以及东道国和母国制度环境间的差异？这些问题的深入研究都能够极大地丰富和发展国际创业理论。

（2）创业认知与创业思维。创业研究从个体论、过程论逐步向学习论发展，研究创业认知与思维过程规律，有助于认识和适应当今不确定环境的管理思维。研究创业认知将有利于创业管理理论体系的构建。从实践上看，创业认知也将有助于创业者认识自我、管理团队，扬长避短，利用创业教育提高创业技能，从而提高创业成功率。

（3）创业网络对新创企业发展的作用及影响机理。新创企业的生存和成长是不断建构、维持和治理外部交换网络的过程。嵌入于组织间网络的新创企业如何建构自身的商业模式，这种商业模式随着网络中利益相关者与新创企业的关系博弈又发生了怎样的变化。这方面的研究涉及创业战略、利益相关者战略、行为战略、战略过程以及组织网络等多个议题。

8. 学科领域 8：人力资源管理

（1）转型变革期的劳动雇佣关系管理。转型经济中，各种新的人力资源管理问题不断涌现。例如，城市化进程中，不同用工模式问题、新生代员工问题、农民工问题、工作家庭分离、保障缺失等问题已越来越凸显。宏观环境变迁下不同身份的员工待遇、福利、保障等差距较大，造成社会问题在企业微观人力资源管理上形成映射，增加了企业人力资源管理的挑战。而源于西方的传统人力资源管理理论不能很好地指导中国情境下的人力资源管理实践。因此，当前的雇佣关系管理是中国经济改革和社会转型时期重要的学术和实践课题。如何解决雇佣关系的公平和效率问题，关系着中国经济体制和政治体制改革的最终结果，以及中国社会发展的整体方向，也关系着中国市场经济改革与世界接轨。

（2）跨国人力资源管理。中国企业的国际化进程面临的一个重大的矛盾就是迅猛发展的国际化需求与匮乏的高质量国际化经营人才之间的矛盾。一方面，中国还没有形成完备的、真正适应全球化环境的国际化人才培养体系；另一方面，企业还没有对国际化人力资源的管理形成系统认识。如何规划、招聘、培训并开发国际化人力资源是亟待解决的问题。

（3）人力资源远程管理理论与方法研究。信息与互联网通信技术的发展与广泛应用，正在改变人们的工作方式和生活方式，也正在改变组织佣工方式和组织模式，远程办公、虚拟团队工作方式正在涌现，员工工作配置、工作时间、任务履行等越来越呈现在虚拟情境下，因此，如何招聘、开发、评价、激励和留住虚拟组织或团队员工是现代人力资源管理中的重要内容，也是一个严峻挑战。

9. 学科领域 9：组织行为与组织文化

（1）基于意义追寻的工作动机研究。当今中国社会大部分工作的目的主要还是在于经济和自我价值的体现，从对人的终极关怀的角度来审视工作的研究还很少。其中的关键是以往动机研究较为忽略意义追寻这一维度，而真正持久内在的动机一定离不开意义的追寻。离开意义追寻，中国社会就出现大批娴熟而倦怠的工作者，技术高超而内心冷漠的工作者，生活殷实而内心贫穷的工作者。因此，从意义追寻去探讨动机问题可以从更本质的角度去激发和引导人类更加终极、更加高品位的生活和工作追求。

（2）身份认同与组织社会化研究。伴随着多样化的用工模式涌现，身份歧视成为中国企事业单位普遍存在的用工现象。随着户籍制度改革的深入，农民工将成为一个历史名词，但农村劳动力进入企业组织，面临的身份认同问题依然严重，由此带来的企业伦理、员工心理、员工激励、组织承诺方面的科学问题理论界却接触很少，未来研究可以在这一方面做出切实的努力。

（3）创新与创造力的系统研究。创新已成为中国发展的重要战略，提高组织的创新能力和水平成为当务之急，而员工（个体）和工作团队层面的创造力是组织创新的根本源泉。与此同时，员工和团队又是在特定的组织和文化情境下开展创新活动，个体创造力与组织创新是不可分割系统中的不同层次体现。探明组织特征影响个体和团队创造力的自上而下影响过程，以及个体和团队创造力如何汇聚为组织创新的自下而上过程，研究创新的系统性和动力传导机制，是未来研究的重点。

10. 学科领域 10：市场营销

（1）数据驱动的营销创新。大数据分析在营销实践中的应用越来越广泛，应用价值也越来越突出。例如，在消费行为研究中，数据驱动营销突破以往从破解消费者内在的心理机制来推断外在消费行为的研究范式，利用海量的用户外在行为数据，借助人工智能、数据挖掘等方法，从用户外在行为特征来解读消费者的内在心理认知模式。数据驱动的营销问题研究有可能颠覆传统众多相关的营销管理方法及理论，是未来研究的重要方向之一。

（2）网络时代的用户行为和商业模式创新。基于网络技术的各类产品和服务正日益对用户行为和传统行业产生巨大的挑战和机遇。例如，社会化媒体的日益普及与应用推动消费者行为模式的社会化和网络化，这需要企业理解用户的社会化消费行为模式，制定有效的社会化营销策略。具体的学术关注点可以包括用户在移动互联时代的渠道迁移与全渠道行为规律，移动互联网时代线上、线下企业全渠道融合的商业模式创新，社会化媒体企业与客户的价值共创等。

（3）中国本土营销理论构建。国际化进程中出现的东西方文化碰撞彰显国外研究成果不能解决本土营销实践问题的困境。中国文化的独特性造就了中国人独特的行为特征和社会特征，也从根本上决定了中国营销环境和西方营销环境的差异。从这个意义上而言，构建扎根中国本土文化的营销理论显得尤为重要。

11. 学科领域 11：公司财务与金融

（1）基于中国特色的公司治理问题研究。现有的公司治理研究大多基于欧美的制度背景和文化渊源，而基于中国乡土情境的公司治理目标、机制、效果等远没有得到充分的挖掘，远落后于中国公司治理的发展，也严重影响全球学界与实务界对中国公司治理的认识和理解。公司治理具有很强的内生性及路径依赖，中国公司治理无论是在制度还是在实务上均与西方有较大差异，西方相关理论在中国未必适用，因此有必要立足中国制度环境开展公司治理的研究。

（2）社会网络与公司财务。互联网时代的到来，使信息传播方式和速度发生了巨大变化，这种变化对资本市场的行为产生了巨大的影响。有关互联网环境下的媒体如何影响投资者行为和管理者行为，从而影响资产定价、交易行为和公司的财务行为，正引起全球学者的关注，成为一个新兴的研究领域和热点问题。同时，中国一直是关系导向型经济，与西方发达经济体相比，社会网络对中国而言更加重要。近年来，社会学中的网络分析方法被引入公司财务研究领域，是一个新兴的研究领域。

（3）公司行为财务和行为金融。行为金融在中国的理论研究和应用研究较为薄弱，当前该领域的研究更多的还是重复国外的研究，而没有很好地结合中国投资者的心理特征和制度背景展开分析。中国证券市场的估价行为、投资行为因受中国政治、经济、文化环境的影响而与西方国家存在较大差异，需要结合中国国情开展行为金融的应用研究。类似的，公司行为财务研究才刚刚开始，进一步深入研究有助于打开公司财务决策的黑匣子，应将管理者非理性和投资者非理性纳入同一研究模型，深入探讨有限理性对公司财务决策的影响机理。

12. 学科领域 12：运作管理/物流与供应链管理

（1）绿色/可持续/低碳供应链管理。由于过去忽视了环境保护，生态环境日益恶化，给中国经济的进一步发展带来了巨大的负担，而且严重影响了生活环境。与此同时，随着环保意识的增强和生活质量的提高，人们日益关注环保问题，部分消费者已经开始自觉抵制和不消费那些破坏环境或大量浪费资源的产品。正是在环保压力和居民需求的影响下，一些企业已经开始通过实施可持续供应链管理，来面对日趋严厉的环境法规和日益凸显的公众绿色需求，绿色供应链管理也为中国提供了一种可持续化发展的策略。这一方向的研究能够更好地指导企业实施绿色/可持续/低碳供应链管理的实践。

（2）数据驱动的运营管理研究。该研究热点的出现，与互联网、RFID（radio frequency identification，即射频识别技术）等技术的迅速发展密不可分。目前许多行业已经具备了很强的数据收集能力，大数据时代已经来临，其相应特性为供应链管理带来了机遇和挑战。大数据环境下的消费者行为刻画，企业精准营销，企业生产、库存、定价等都将出现革命性变化，从而引发新的、多样的供应链管理问题。未来研究可以在大数据的基础上探讨更加精细而具可实施性的运营管理模式。

（3）针对各个行业的供应链管理问题。例如，电子商务近年来得到了长足发展，但是一些学者指出，作为支撑的物流管理并没有跟上电子商务企业的发展；由于许多企业同时在传统渠道和在线渠道销售其产品，应该对多渠道供应链管理和O2O（online to offline，即线上到线下）供应链管理展开研究。又如，服务业在中国国民经济中所占比重逐年递增，服务运营管理也成为重要的发展方向，这既包括纯服务业运营管理，也包括制造业服务业的协调优化。服务业的形态多种多样，各具特点，对服务运营管理的研究，有利于促进中国服务行业的发展，推动产业结构升级，实现中国国民经济的可持续发展。

4.2.2　学科内部交叉的优先领域

1. 基于文献的学科领域关联分析

根据工商管理学科相关领域的200多个国内外一流期刊和国际学术会议上发表的超过50 000篇文章中78 000个关键词的相关分析，我们得出了如图4-2所示的工商管理学科内部分支学科关联图，图中线条的粗细程度和线条上的系数表示两个分支学科领域间关键词的相关程度。例如，企业信息管理和公司财务与金融的关联度为0.394，和市场营销的关联度为0.343，和会计与审计的关联度为0.602，说明这些学科在研究对象上有较高的相关度。通过基于文献的关联分析，可以找出潜在的具有交叉研究可能的若干学科领域。

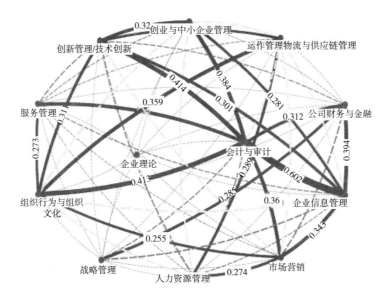

图 4-2 工商管理学科内部分支学科关联图

2. 专家建议的学科领域间的交叉优先领域

在涵盖了超过 1 000 位工商管理学科学者的问卷调查以及超过 120 位相关领域专家的座谈会总结中，专家学者做出了有关工商管理各学科领域之间的交叉领域发展方向的系统性建议。表 4-1 中总结了基于专家学者建议的主要交叉优先领域。专家学者重点涉及的交叉优先领域在表 4-1 中以 "*" 标注，由于交叉关系是对称的，这里我们用灰度表示无重复的、可能产生交叉的所有领域。后面在讨论具体的分支学科领域时同样用灰度表示和该分支学科可能产生交叉的所有领域。综合起来，这些交叉领域可以从 "企业信息管理"、"战略管理"、"市场营销" 和 "其他" 四条主线进行分析。下文中，分别从这四条主线进行分析。

表 4-1 专家建议的交叉优先领域

编号	分支学科	1	2	3	4	5	6	7	8	9	10	11	12
1	会计与审计		*		*								
2	企业信息管理					*	*		*	*	*	*	
3	企业理论											*	
4	战略管理						*			*			
5	服务管理												*
6	创新管理/技术创新								*				
7	创业与中小企业管理												

续表

编号	分支学科	1	2	3	4	5	6	7	8	9	10	11	12
8	人力资源管理												
9	组织行为与组织文化												
10	市场营销											*	*
11	公司财务与金融												*
12	运作管理/物流与供应链管理												

1）以"企业信息管理"为主线的交叉优先领域

相关领域专家学者认为"企业信息管理"学科和"会计与审计""服务管理""创新管理/技术创新""人力资源管理""组织行为与组织文化""市场营销""公司财务与金融"等均有重要的优先交叉领域（表4-2）。

表4-2　以"企业信息管理"为主线的交叉优先领域

编号	分支学科	1	2	3	4	5	6	7	8	9	10	11	12
1	会计与审计		*		*								
2	企业信息管理				*	*		*	*	*	*		
3	企业理论										*		
4	战略管理						*	*			*		
5	服务管理												*
6	创新管理/技术创新									*			
7	创业与中小企业管理												
8	人力资源管理												
9	组织行为与组织文化												
10	市场营销											*	*
11	公司财务与金融												*
12	运作管理/物流与供应链管理												

这些交叉优先领域的科学意义和关键科学问题如下。

（1）信息管理和会计学的交叉领域。会计的一个重要功能是为利益相关方提供信息。但既有的理论基于传统信息技术手段而构建，现代信息技术的发展大大超越了传统技术手段。例如，各种新媒体、大数据等信息手段对会计信息的产生、监督、传播和理解都产生了深远的影响。如何利用现代信息管理技术完善会计反映和监督的职能是重要的交叉研究领域。

（2）信息管理和市场营销的交叉领域。新兴信息技术环境下的用户行为分析需要依赖于市场营销学、消费者行为学、心理学、信息技术和计量经济学等多学科理论知识，特别是伴随着信息技术的快速发展，产业、消费渠道和入口日益碎片化、移动化，通过纷繁复杂的数据深入分析用户行为模式与规律将成为交叉领域研究的重点课题。例如，在消费行为研究中，数据驱动营销突破以往从破解消费者内在的心理机制来推断外在消费行为的研究范式，利用海量的用户外在行为数据，借助人工智能、数据挖掘等方法，从用户外在行为特征来解读消费者的内在心理认知模式。

（3）信息管理和服务管理的交叉领域。对服务设计过程进行量化，由于服务管理中有相当多的决策问题，所以需要和信息管理科学紧密结合。在大数据环境下，服务管理在数据收集、数据挖掘与分析手段与方法等方面与信息管理学科有较大相关性。学科交叉为新的研究机遇的发现、研究工具的使用提供了机会。

（4）信息管理和人力资源管理的交叉领域。将员工的各种信息通过大数据分析技术加以收集、提炼，将会大大提升人力资源管理的系统性、科学性和有效性。此外，信息技术的应用为企业人力资源管理提供许多便利，如开拓信息渠道、统筹管理等，信息技术也在很大程度上改变了员工的工作方式，以及员工与组织之间的关系，这些都呼吁研究信息时代的有效人力资源管理模式。信息技术的应用同样给员工带来更多的信息量，过多的信息是否给员工带来负面影响，也是值得探索的研究问题。

（5）信息管理和组织行为与组织文化的交叉领域。互联网时代下以网络为主要媒介，个体获取信息、知识学习、人际交流与工作习惯都随之发生改变，人与人的互动方式以及团队工作都与传统面对面模式中的心理与行为具有显著不同，对这些方面进行深入研究，有助于更好地预测未来的行为变化和规律，更有效地实施管理与干预，提升组织效率。

（6）信息管理和公司财务与金融的交叉领域。随着信息技术的发展，大数据日益成为现代经济所依赖的重要技术手段，金融决策行为群体化、网络化的特征日益明显，金融市场中风险的集聚、传染与扩散趋势不断加强，给公司决策与经济社会带来更大的不稳定性。在大数据背景下，非结构化数据的获取和分析，将会极大地拓宽现有研究视野，并更好地审视公司理财行为动机及其经济后果。从数据科学与信息技术视角进行金融决策行为规律研究与金融安全探索,是财务与金融的一个全新科学问题。

2)以"战略管理"为主线的交叉优先领域

专家学者认为"战略管理"学科和"会计与审计""创新管理/技术创新""创业与中小企业管理""市场营销"等均有重要的优先交叉领域(表4-3)。

表4-3   以"战略管理"为主线的交叉优先领域

编号	分支学科	1	2	3	4	5	6	7	8	9	10	11	12
1	会计与审计		*		*								
2	企业信息管理					*	*	*		*	*	*	*	
3	企业理论											*	
4	战略管理						*	*			*		
5	服务管理												*
6	创新管理/技术创新								*				
7	创业与中小企业管理												
8	人力资源管理												
9	组织行为与组织文化												
10	市场营销											*	*
11	公司财务与金融												*
12	运作管理/物流与供应链管理												

这些交叉优先领域的科学意义和关键科学问题如下:

(1)企业战略和会计学的交叉领域。会计信息对于企业战略制定至关重要,反过来,企业战略也会影响会计信息质量和特征。探索该问题,可以更好地发现会计与企业战略之间的交互作用,并可进一步推动管理会计学科的发展。

(2)企业战略和创新管理/技术创新的交叉领域。中国企业创新生态的快速发展迫切要求构建适合中国国情的创新生态与组织创新的理论模型,并研究创新生态与战略管理之间的互动关系,以及企业内促进创新的机制和企业间协同创新的创新战略。例如,组织如何通过恰当的激励制度来促进突破性创新的技术;组织的哪些文化因素能够提高突破性创新的成功比例;组织间如何通过知识与信息分享和利益分配等机制促进协同创新;等等。

(3)企业战略和创业与中小企业管理的交叉领域。在快速变化的时代，企业获得竞争优势的基础在不断变化，从而企业维持持续竞争优势的难度大幅度增加。现有企业不仅要考虑如何在既有业务领域获得竞争优势，而且还要着眼未来，寻找新的竞争机会。在此背景下，强调同步寻求竞争优势和机会的战略创业理论值得关注，战略创业的动因与生成机制值得深入研究。此外，公司内部创业和战略管理研究的交叉还表现为大型企业跨界创业的战略管理过程。从战略管理角度研究大型企业跨界创业过程，可以保证大型企业跨界创业具有可操作性。

（4）企业战略和市场营销的交叉领域。市场营销是企业战略的重要组成部分，而战略层面的营销规划则是企业所有营销活动开展的纲领。市场营销涵盖了企业创新、生产、沟通、销售、售后等一系列环节，而这其中任何一个环节都可能影响企业的生存和发展。探究企业营销活动不同环节对企业绩效、资本市场、消费者满意的影响，确立企业战略层级上的营销侧重点，将对企业发展产生重要的作用。此外，企业竞争战略常常需要市场营销活动作为落脚点，市场营销和企业可持续竞争优势的关系也值得深入研究。

3）以"市场营销"为主线的交叉优先领域

专家学者认为"市场营销"学科和"企业信息管理""战略管理""公司财务与金融""运作管理/物流与供应链管理"等均有重要的优先交叉领域（表4-4）。

表 4-4　以"市场营销"为主线的交叉优先领域

编号	分支学科	1	2	3	4	5	6	7	8	9	10	11	12
1	会计与审计		*		*								
2	企业信息管理					*	*		*	*	*	*	
3	企业理论											*	
4	战略管理					*	*				*		
5	服务管理												*
6	创新管理/技术创新								*				
7	创业与中小企业管理												
8	人力资源管理												
9	组织行为与组织文化												
10	市场营销											*	*
11	公司财务与金融												*
12	运作管理/物流与供应链管理												

这些交叉优先领域的科学意义和关键科学问题如下：

（1）市场营销和公司财务与金融的交叉领域。近年来，众筹行为和个人小额金融业务开始迅速发展，对于在这些金融形式中消费者行为的研究能够帮助政策制定部门有效地设计机制和政策，从而引导这些金融形式健康发展，保障消费者福利。

（2）市场营销和运营管理/物流与供应链管理的交叉领域。在与运营的交叉方面，考虑到当前企业营销手段日益多元化，企业的营销活动将改变消费者的行为，进而影响企业的运营活动，因而有必要将这些因素联合考虑，开展对企业联合决策的研究。

4）工商管理学科内部"其他"交叉优先领域

专家学者还建议"企业理论"和"公司财务与金融"、"服务管理"和"运作管理/物流与供应链管理"、"创新管理/技术创新"和"人力资源管理"、"公司财务与金融"和"运作管理/物流与供应链管理"等交叉领域研究也需要优先支持（表4-5）。

表4-5 工商管理学科内部"其他"交叉优先领域

编号	分支学科	1	2	3	4	5	6	7	8	9	10	11	12
1	会计与审计		*		*								
2	企业信息管理					*	*		*	*	*	*	
3	企业理论											*	
4	战略管理						*	*			*		
5	服务管理												*
6	创新管理/技术创新								*				
7	创业与中小企业管理												
8	人力资源管理												
9	组织行为与组织文化												
10	市场营销											*	*
11	公司财务与金融												*
12	运作管理/物流与供应链管理												

这些交叉优先领域的科学意义和关键科学问题如下：

（1）企业理论和公司财务与金融的交叉领域。博弈论、信息经济学、合同理论等微观经济学领域中重要知识，已经逐渐被应用到企业理论与公司金融领域。在上述背景下，企业理论与公司金融的交叉研究成为学术前沿中的重要分支。

（2）服务管理和运作管理/物流与供应链管理的交叉领域。运营管理传统上是生产运作管理，服务背景下的运作管理与生产环境下的运作管理有相似性，但是也有很大差异，虽然现有文献对服务运营管理已有一定研究基础，但是新兴领域服务的运营管理，仍需要进一步研究。

（3）创新管理/技术创新和人力资源管理的交叉领域。创新管理长期重视对创新的主体（即企业）的研究，但却在很大程度上忽视了创新的主要承担者，即对研发人员的研究（如研发人员的长期激励和幸福感问题）。而在创新型社会和创新型组织的建设中，研发人员的长期激励和研发人员的幸福感等问题都是亟待研究和持续改善的紧迫问题。

（4）公司财务与金融和运作管理/物流与供应链管理的交叉领域。传统供应链管理的研究重点是物流和信息流，对资金流的重视程度尚显不足。融资难是中国中小企业普遍面临的问题，供应链金融为解决这一问题提供了一条重要路径。互联网金融是目前实践中的热点，其中涉及互联网及金融的相关问题，同时也涉及供应链管理的延伸问题，如何运用供应链管理的理论、方法来支持供应链金融、互联网金融的健康发展是业界面临的重要问题。除了融资问题之外，此类交叉研究还包括运营管理与企业的财务绩效之间的关系研究等。

4.2.3 与其他学科部学科交叉的优先领域

在工商管理学科学者问卷调查以及相关领域专家的座谈会总结中，专家学者做出了有关工商管理学科和信息科学与工程、宏观管理与政策交叉领域发展方向的系统性建议。表 4-6 中总结了基于专家学者建议的主要交叉优先领域。专家学者重点涉及的交叉优先领域在表 4-6 中以"*"标注。综合起来，这些交叉领域可以从"信息科学与工程"和"宏观管理与政策"这两条主线进行分析。下文中，分别从这两条主线进行分析。

表 4-6　工商管理学科与其他学科部学科交叉优先领域

工商管理分支学科 / 其他学科部学科	信息科学与工程	宏观管理与政策
1　会计与审计		*
2　企业信息管理	*	*
3　企业理论		*
4　战略管理		
5　服务管理		
6　创新管理/技术创新	*	*
7　创业与中小企业管理	*	
8　人力资源管理		
9　组织行为与组织文化		
10　市场营销		
11　公司财务与金融		*
12　运作管理/物流与供应链管理		

1）与"信息科学与工程"交叉的工商管理学科优先领域

专家学者建议的与"信息科学与工程"交叉产生优先领域的工商管理学科领域包括"企业信息管理""创新管理/技术创新""创业与中小企业管理"等（表4-7）。

表 4-7　工商管理学科和信息科学与工程交叉优先领域

工商管理分支学科 / 其他学科部学科	信息科学与工程	宏观管理与政策
1　会计与审计		*
2　企业信息管理	*	*
3　企业理论		*
4　战略管理		
5　服务管理		
6　创新管理/技术创新	*	*
7　创业与中小企业管理	*	
8　人力资源管理		
9　组织行为与组织文化		
10　市场营销		
11　公司财务与金融		*
12　运作管理/物流与供应链管理		

这些交叉优先领域的科学意义和关键科学问题如下。

（1）信息科学与工程和企业信息管理的交叉领域。信息和通信技术的快速发展总在不断地改变和挑战人类的信息行为，根据用户的信息行为展现信息的流量和流向规律，为网络信息资源管理提供新的研究视角。企业信息管理与信息科学交叉的重要方向，着重于利用复杂性和信息系统方法研究互联网环境下的行为机制，包括行为扩散和传播、舆情管理、口碑传播等方面。

（2）信息科学与工程和创新管理/技术创新的交叉领域。例如，在信息化社会的大背景下，企业实际应用的创新方法严重滞后，而创新管理与工程技术有天然的联系，有可能在此取得较大进展，通过学科交叉，研究构建面向应用的结构化方法。例如，大数据时代的创新战略理论，通过信息技术和数据技术与创新模式的交叉，创新战略从"软战略"向"硬战略"转变。

（3）信息科学与工程和创业与中小企业管理的交叉领域。大数据对创业研究会产生重大影响，如创业商业模式的创新、创业研究方法创新等。因此，对于新时代创业的研究需要与信息科学和技术的结合，如数据挖掘与数据分析、信息技术方法（如仿真、模拟）对于创业研究方法的补充以克服创业数据难以获取等瓶颈。

2）与"宏观管理与政策"交叉的工商管理学科优先领域

专家学者建议的与"宏观管理与政策"交叉产生优先领域的工商管理学科领域包括"会计与审计""企业信息管理""企业理论""创新管理/技术创新""公司财务与金融"等（表 4-8）。

表 4-8 工商管理学科和宏观管理与政策交叉优先领域

工商管理分支学科 / 其他学科部学科	信息科学与工程	宏观管理与政策
1　会计与审计		*
2　企业信息管理	*	*
3　企业理论		*
4　战略管理		
5　服务管理		
6　创新管理/技术创新	*	*
7　创业与中小企业管理	*	
8　人力资源管理		
9　组织行为与组织文化		
10　市场营销		
11　公司财务与金融		*
12　运作管理/物流与供应链管理		

这些交叉优先领域的科学意义和关键科学问题如下：

（1）会计/审计和宏观管理与政策的交叉领域。会计不仅仅在微观的企业层面可以发挥作用，在宏观经济的预测中也同样存在作用。宏观经济政策应该落实到微观企业层面，而微观企业数据可以作为宏观政策制定的依据。已有的国外研究发现，以利用会计信息预测 GDP 这一重要的宏观经济指标。在中国的文化、政治、经济等环境下，会计信息能否在宏观经济预测中发挥作用以及如何发挥作用是今后应该关注的课题。

（2）企业信息管理和宏观管理与政策的交叉领域。企业信息管理与公共管理的融合主要体现为信息管理使能的社会公共治理机制和方法。例如，信息化与农村科技服务体系建设融合发展的模式和机制研究；信息系统与医疗和公共管理领域的关系；新型信息管理环境下个体隐私保护理论与方法，特别是对公共资源的决策者和管理者的决策支持，解决社会复杂棘手问题，优化对社会资源的管理。

（3）企业理论和宏观管理与政策的交叉领域。企业理论研究和宏观管理与政策研究关系密切。例如，中国改革开放30多年来，市场和企业的边界一直处在一个不断变化的过程中，这一过程在某种程度上体现了中国经济改革的进程和重点领域。进一步针对这一问题进行深入研究，有助于搞清楚未来市场边界和企业边界的演化方向，指导未来的市场化改革。例如，混合所有制等新的企业产权模式对企业治理提出了新的挑战，这类问题的解决需要在企业理论层面实现突破，并需要宏观管理与政策设计提供支撑。

（4）创新管理/技术创新和宏观管理与政策的交叉领域。创新管理离不开创新政策的研究。中国已经形成了一个世界上体量最大的制造业体系，但支持庞大体系的原创技术基础比较薄弱，基于知识产权和标准的技术竞争力不强。制约中国企业创新的关键条件之一是创新的政策，包括技术创新政策、知识产权政策等。制定和执行创新型的创新政策是支持中国建设创新型国家的关键之一。

（5）公司财务与金融和宏观管理与政策的交叉领域。公司财务更多关注企业内部的微观行为，其研究内容受到宏观经济政策和金融市场环境的影响。同时，公司财务行为也会对宏观经济政策和金融市场产生影响，塑造企业所处的宏观环境，因此将两者融合研究才能科学认识公司财务行为。经典公司金融理论较少考虑宏观经济因素对公司财务决策的影响。研究宏观经济因素对公司财务决策的影响，在宏观经济问题的研究中吸收公司金融领域的研究成果，将有利于进一步拓展公司金融领域的研究视野，增强宏观经济理论的微观基础。

4.2.4 管理科学与自然科学、社会科学交叉的优先领域

在工商管理学科学者问卷调查以及相关领域专家的座谈会总结中，专家学者做出了有关工商管理学科与自然科学、社会科学交叉领域发展方向的系统性建议。表 4-9 总结了基于专家学者建议的主要交叉优先领域。专家学者重点涉及的交叉优先领域在表 4-9 中以"*"标注。综合起来，这些交叉领域可以从"医学、生物学、生态学"、"心理学"和"社会学及其他人文科学"三条主线进行分析。下文中，分别从这三条主线进行分析。

表 4-9 工商管理科学与自然科学、社会科学交叉的优先领域

工商管理分支学科	自然、社会学科	医学	生物学	生态学	心理学	社会学	其他人文科学
1	会计与审计				*		
2	企业信息管理	*	*				
3	企业理论						
4	战略管理				*		
5	服务管理	*		*			
6	创新管理/技术创新			*			
7	创业与中小企业管理				*	*	
8	人力资源管理						
9	组织行为与组织文化				*		
10	市场营销		*			*	
11	公司财务与金融				*	*	*
12	运作管理/物流与供应链管理				*		

1）与"医学、生物学、生态学"交叉的工商管理学科优先领域

专家学者建议的与"医学、生物学、生态学"交叉产生优先领域的

工商管理学科领域包括"企业信息管理""服务管理""创新管理/技术创新""市场营销"等（表4-10）。

表4-10　工商管理科学与医学、生物学、生态学交叉的优先领域

工商管理分支学科	自然、社会学科	医学	生物学	生态学	心理学	社会学	其他人文科学
1	会计与审计				*		
2	企业信息管理	*	*				
3	企业理论						
4	战略管理				*		
5	服务管理	*		*			
6	创新管理/技术创新			*			
7	创业与中小企业管理				*	*	
8	人力资源管理						
9	组织行为与组织文化				*		
10	市场营销		*			*	
11	公司财务与金融				*	*	*
12	运作管理/物流与供应链管理				*		

这些交叉优先领域的科学意义和关键科学问题如下。

（1）医学与企业信息管理、服务管理的交叉领域。企业大数据信息管理与医学等学科相结合，方向包括质量管理、健康数据分析和辅助决策等重要方向，利用大数据分析的理论和技术进行海量健康数据分析，可以为中国医改政策的实施提供支撑，同时支持医生的临床诊断和决策。

（2）生物学与企业信息管理、市场营销的交叉领域。有关生物学中的生成机制、演进特征等，可以为搭建电子商务平台的生态圈提供理论借鉴。基于物理—信息空间融合的企业生态群落发展理论需要特别关注，因为现实物理空间和网络空间为现代企业的发展提供了新的交互式发展空间环境（如电子商务的O2O模式），利用虚、实空间各自的优势构建相互协同的企业群落已成为现代企业发展的新战略与新模式。生态群落理论可以为上述企业群落在虚、实空间的形成机制、演替模式及其最优化的"顶级群落"构态研究提供系统性的指导，并为企业信息系统的演化设计提供全新的视角；在生物学与市场营销交叉领域方面，通过

结合神经科学的研究工具和方法（如眼动仪、脑电波、FMRI 等相关的自然科学），可以更深入地研究消费者判断与决策的过程和机制。

（3）生态学与服务管理、创新管理/技术创新的交叉领域。互联网技术的广泛渗透与应用，打破了原来服务商与客户、服务商与供应商，以及服务商之间、客户之间和供应商之间的链式关系，而是依靠互联网平台形成了一种共生的网状关系。市场竞争已不再是单个企业之间的竞争，而往往是整个服务生态系统之间的竞争。因此，如何按照生态学的思想来构建服务生态网络，为不同的服务企业设定合适的生态空间，构筑起健康有序的服务生态系统，是服务管理中非常重要的内容；在生态学与创新管理/技术创新交叉领域方面，创新活动越来越体现为一种开放式、非线性的系统运动，与自然界的生态系统类似，存在着竞争、捕食、共生、寄生等生态现象，生态学的发展为创新管理研究提供了重要理论方法和模型基础。例如，创新网络的可持续发展是由创新成果的价值转换与创新要素的还原及再投入两个过程所形成的循环生态链决定的，从系统性角度对其可持续发展的生态学机制进行深入研究，有利于为企业创新提供更为有效的理论指导。

2）与"心理学"交叉的工商管理学科优先领域

专家学者建议的与"心理学"交叉产生优先领域的工商管理学科领域包括"会计与审计""战略管理""创业与中小企业管理""组织行为与组织文化""公司财务与金融"等（表 4-11）。

表 4-11　工商管理科学与心理学交叉的优先领域

工商管理分支学科	自然、社会学科	医学	生物学	生态学	心理学	社会学	其他人文科学
1	会计与审计				*		
2	企业信息管理	*	*				
3	企业理论						
4	战略管理				*		
5	服务管理	*		*			
6	创新管理/技术创新			*			
7	创业与中小企业管理				*	*	
8	人力资源管理						
9	组织行为与组织文化				*		
10	市场营销		*			*	
11	公司财务与金融				*	*	*
12	运作管理/物流与供应链管理				*		

这些交叉优先领域的科学意义和关键科学问题如下：

（1）心理学和会计与审计交叉领域。会计与审计反映和监督企业的经营状况，企业经营归根到底是人的行为，因此很多现象无法用经济学中理性人的假设解释，可以尝试用行为心理学来解释。

（2）心理学和战略管理交叉领域。国际上战略管理的主流研究越来越关注企业决策者的心理特征和认知结构如何影响企业战略决策的形成。战略管理的一个重要研究领域是组织间网络的特征对企业战略的影响，但以往的网络研究以结构网络、关系网络为主，而一个新的方向是认知网络对战略变化的影响，特别是认知网络与结构网络的差异对战略变化的影响。

（3）心理学和创业与中小企业管理交叉领域。在互联网背景下，创业行为要更多地考虑消费者的独特心理与行为，而新创企业的创业者对于互联网新机会的识别、把握，会与其机会警觉、机会信心等心理层面的要素相关。运用认知心理学、决策理论分析创业者认知和创业行为规律，有助于解答创业领域经典但尚未解答的三个问题：为什么有的人而不是其他人能成为创业者、为什么有的人而不是其他人能看到创业机会、为什么有的人而不是其他人能够创业成功。

（4）心理学和组织行为/组织文化交叉领域。快乐而健康地工作，是提高效率和增加工作意义感乃至幸福感的核心，在知识经济时代，由于全球化、技术进步、信息爆炸等带来的压力，人们出现了工作疏离、工作倦怠，被动、痛苦地工作的局面，不利于提高工作成效，也不利于创造力的激发，而不能实现人生的理想。应把心理学和组织行为/组织文化结合起来研究，探讨身心合一、快乐工作的模式。

（5）心理学和公司财务与金融交叉领域。已有的金融学理论对投资者心理关注不够，或者说没有对投资者心理研究给予足够重视。因此，应该加强投资者心理方面的研究，并把这些成果嵌入金融学理论中。利用行为实验的方法，能更好地把公司财务的问题与人的行为决策模式和行为偏差相结合，有助于更深刻地理解心理行为如何影响公司财务决策。

（6）心理学和运作管理/物流与供应链管理领域。人是运营系统的重要组成部分，通过刻画管理者和消费者的心理行为，可以有效提高运营管理研究结果的实用性,如考虑风险偏好、有限理性等因素。应用心理及行为学科的知识,还有助于刻画消费者需求,尤其是在电子商务环境下基于消费者行为的运营管理理论和方法。

3)与"社会学、其他人文科学"交叉的工商管理学科优先领域

专家学者建议的与"社会学、其他人文科学"交叉产生优先领域的工商管理学科领域包括"创业与中小企业管理""市场营销""公司财务与金融"等(表 4-12)。

表 4-12 工商管理科学与社会学、其他人文科学交叉的优先领域

工商管理分支学科 / 自然、社会学科	医学	生物学	生态学	心理学	社会学	其他人文科学
1 会计与审计				*		
2 企业信息管理	*	*				
3 企业理论						
4 战略管理				*		
5 服务管理	*		*			
6 创新管理/技术创新			*			
7 创业与中小企业管理				*	*	
8 人力资源管理						
9 组织行为与组织文化				*		
10 市场营销		*			*	
11 公司财务与金融				*	*	*
12 运作管理/物流与供应链管理				*		

这些交叉优先领域的科学意义和关键科学问题如下:

(1)社会学和创业与中小企业管理的交叉领域。制度理论来源于组织社会学,而制度逻辑是涉及多个层面的。采用多层次方法,能够更好地研究不同层面上制度逻辑与企业创业行为的关系和结果、更精确地分析制度与行为和绩效的关系,这也是近几年国际上横跨社会学和管理学的前沿交叉研究热点。例如,在研究国际创业问题时,就可以考虑创业企业对制度环境的敏感以及创业企业制度创新能力,研究创业与制度的

动态互动。

（2）社会学和市场营销的交叉领域。互联网的发展推动着用户行为的关联化和多维化，使得以往碎片化的消费者信息呈现出网络化，消费者行为决策更加社会化和网络化。因此，需要借助社会学方法构建更有效的社会网络分析方法，实现对社会网络中用户行为模式的深度探究。

（3）社会学和公司财务与金融的交叉领域。社会关系网络是影响财务行为的重要因素，关系型组织和交易在既定社会背景和文化环境下是中国企业财务行为的一大特色。研究关系型组织和交易如何影响公司财务行为，有助于更深刻地揭示中国企业财务行为的内在规律。

（4）其他人文科学和公司财务与金融的交叉领域。财务与文化的交叉与融合是近年来财务学研究的一大新动向。有关国家文化、宗教、地域和社会资本如何影响公司财务、股票市场和金融发展，正成为财务学研究的一个热点问题。文化差异导致了决策者的风险偏好与时间偏好差异，也导致了公司金融决策行为的差异，研究文化差异导致的公司财务决策差异，有利于揭示文化变迁、文化交融对于公司财务政策的影响。

第5章　国际合作与交流优先领域

5.1　国际合作与交流需求

随着中国学者研究方法的日益规范，中国工商管理学科已经具备了国际合作的基础。事实上，在国际合作方面，工商管理学科已经取得了一定的进展。此外，中国经济与管理实践的发展，使国际学术界与实务界对中国管理现象产生了浓厚的兴趣，这也为中国工商管理学科的国际化合作提供了良好的契机。

经验表明，国际合作是提高国际学术发表的有效渠道，是中国学者走向世界的重要途径。中国学者发表国际论文较多的领域，通常也是国际合作比例较高的领域。我们通过分析国内外研究的重点领域和发展趋势，结合基金委已有的一些国际合作项目和国内研究团队力量分析，确定未来国际合作的发展态势，从而完善工商管理学科优先资助领域的研究。

5.1.1　工商管理学科国际发展前沿态势

随着经济的全球化，中国的学术研究也开始越来越多地寻求国际合作。进入 21 世纪以来，中国政府不论在战略上还是在资金上都为国际学术交流与合作提供了大力支持。截至 2014 年 3 月，基金委已与全世界 30 多个国家和地区签署了 67 项合作协议，很多合作已经取得显著成绩，同时也提高了中国的学术研究能力。

5.1.2　中国工商管理学科国际合作与交流现状分析

　　课题组检索了 SCI 数据库中工商管理学科各领域的主题词，并分析这些文献的作者与机构，将中国内地学者与别国（地区）学者合作发表的文献计为国际合作文献。

　　图 5-1 是按项目批准同意年份汇总的我国工商管理学科国际合作发文数量发展情况，由其可知：从基数上看，我国在工商管理学科领域的国际合作发文数并不多，2006~2008 年增长较快，2008~2010 年合作发文数量较为稳定，但是 2011 年合作发文数量增长迅速，增长率达 73%，当年发文数为 2006 年的 10.6 倍。之后两年合作发文数量又迅速减少，这也说明了国家对于论文的审查情况越来越严格，要求越来越高。

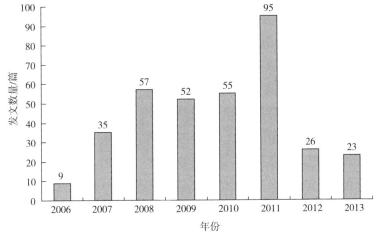

图 5-1　2006~2013 年我国工商管理学科国际合作发文数量发展情况（按项目批准同意年份汇总）

　　图 5-2 是按论文发表年份汇总的我国工商管理学科国际合作发文数量发展情况，和图 5-1 类似，同样可以看出：从基数上看，我国在工商管理学科领域的国际合作发文数并不多，但是总体呈上升趋势且增长速度较快。特别是 2012 年，合作发文数量增长迅速，增长率达 60.4%，当年发文数为 2009 年 8.6 倍。由此可见，最近几年我国工商管理学科越来越注重开展国际合作，并不断取得学术上的进步。

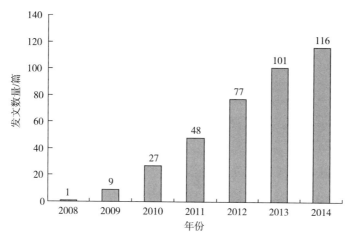

图 5-2　2008~2014 年我国工商管理学科国际合作发文数量发展情况（按论文发表年份汇总）

从图 5-3 可见，我国工商管理学科合作的国家和地区主要是美国、中国香港、加拿大、澳大利亚和新加坡。与美国合作的次数最多，高达 175 次，中国香港次之，达 122 次。2008~2014 年，我国内地与美国开展的合作次数已经超过了与中国香港的合作，这说明我国的学术合作真正走向了国际化。不仅如此，与我国开展国际合作的国家也越来越广泛。

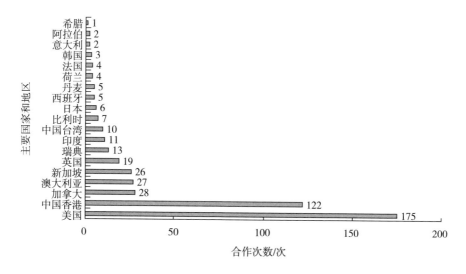

图 5-3　2008~2014 年与我国合作的主要国家和地区合作次数总计

从图 5-4 可见，与我国合作较为频繁的是香港城市大学、香港中文大学、香港理工大学、香港大学等香港地区的高校，以及欧道明大学、新加坡国立大学、克拉克大学、拉夫堡大学等其他国家的高校。

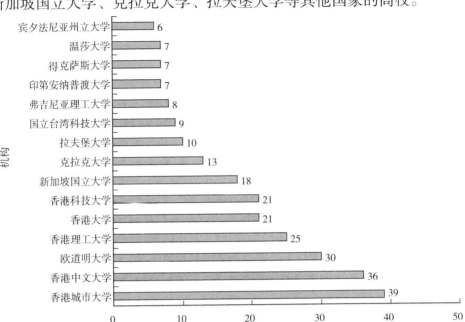

图 5-4　2008~2014 年排名前 15 位的主要合作研究机构

从表 5-1 和图 5-5 可以看出，在工商管理学科中并非所有的分支学科都开展国际合作，且开展国际合作的状况参差不齐。其中，开展国际合作最多的是 G0212，发文数达到 104 篇，占到总数的 32.7%，其次是 G0209，再次是 G0214。G0212、G0209 在 2008~2014 年国内外发文数量的排名都比较靠前。其他发文较多的分支学科还包括 G0211、G0208、G0201 等。迄今为止尚未开展国际合作的分支学科是 G0204、G0205、G0216。在合作比较多的子领域中，合作次数最多的对象是美国，而在 G0212 领域合作次数最多的对象是中国香港地区。

表 5-1　2008~2014 年我国工商管理学科分领域国际合作发文情况（单位：篇）

研究领域	2008 年	2009 年	2010 年	2011 年	2012 年	2013 年	2014 年	合计
G02	0	0	1	1	0	0	4	6
G0201	0	0	1	1	4	3	8	17
G0202	0	0	1	0	0	0	0	1
G0203	0	0	0	0	0	3	3	6
G0204	0	0	0	0	0	0	0	0
G0205	0	0	0	0	0	0	0	0

续表

研究领域	2008 年	2009 年	2010 年	2011 年	2012 年	2013 年	2014 年	合计
G0206	0	3	0	2	1	2	2	10
G0207	0	0	3	0	0	1	2	6
G0208	0	0	1	3	5	4	4	17
G0209	0	3	4	7	6	8	22	50
G0210	1	0	4	0	4	0	4	13
G0211	0	0	2	3	6	20	3	34
G0212	0	1	8	22	20	30	23	104
G0213	0	0	0	2	2	5	4	13
G0214	0	4	3	5	12	11	3	38
G0215	0	0	1	0	0	1	1	3
G0216	0	0	0	0	0	0	0	0

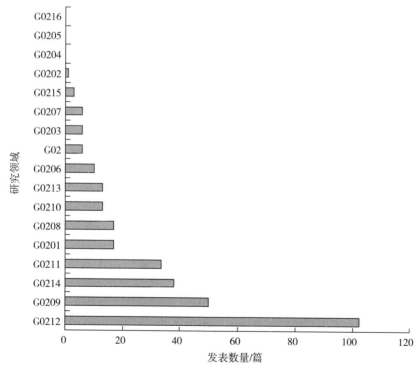

图 5-5　2008~2014 年我国工商管理学科分领域国际合作发文情况

在国际合作文献的基础上，我们将中国内地独立发文也增加进来，综合分析国际发文数量下的国际合作情况。如图 5-6 所示，虽然我国内地国际发文数总体在增加，但是国际合作文献相对较少，独立发文数高于国际合作文献，平均国际合作发文比例为 52.8%，由此看来我国与国际间的学术合作日益增多，但仍需加强。总体看来，我国工商管理学科国际学术竞争力还相对较弱。当然，从图 5-6 还可看出，独立发文数量在近些年来呈逐年增长态势，这表明我国工商管理学科在开展国际合作过程中也在逐渐提高自身的学术水平。

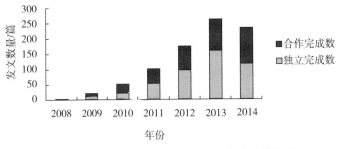

图 5-6　2008~2014 年中国内地国际发文合作情况

5.2　"十三五"时期学科国际合作与交流优先领域

"十三五"时期国家自然科学基金对工商管理学科国际合作与交流优先领域的选取遵循以下三个原则：

（1）继续发展优势合作领域（国外强，国内队伍强，已有发展基础）。

（2）加大力度发展潜力领域（国外强，发文多，国内发文也多，但合作较少的，要加大资助力度）。

（3）加大队伍培养领域（国外强，发文多，国内发文少，几乎没有合作）。

第6章 实现"十三五"发展战略的政策措施

工商管理学科的"十二五"规划已取得初步成效,总体来讲,本学科处于稳步发展的状况,投身于工商管理学科的人数有所增加,国内学者在国际顶级期刊上发表的文章数目进一步提升,与国外学者进行学术对话、合作开展科学研究的国内学者逐步增多,整个工商管理学科呈现良好的发展态势。但"十二五"规划的实行中也暴露了一些问题,一些地方还需要继续改善与进步。在对"十二五"规划的已有成果及相关政策保障措施的分析下,为了进一步实现"十三五"战略规划目标及重点改善方向,保障"十三五"发展规划的顺利实施,需要在以下几个方面做出制度改善或机制创新。

第一,在保障充足资助经费的前提下,完善资助机制,理顺科研财务制度。从"十二五"规划的结果来看,经费的增加有利于发挥我国工商管理学科的人力资源优势,有助于实施重点(大)研究项目以建构有价值的本土管理理论。我国本土管理现象具有独特性与复杂性,由于国内工商管理学科起步较晚,因而对具备本土特征的管理问题需要时间跨度较长的多层次、全方位的探索与验证。资助经费应该落到实处,切实帮助立足国内、扎根本土管理实践的理论探索,让有创新和走在学科前沿的研究得到资助,并资助有能力在国内和国际顶尖期刊发表且能与国内国际管理学者、实践者对话的学术队伍成长起来。

基金委现有的资助机制相对成熟与稳定,会通过面上、重点、重大项目、重大研究计划、联合资助基金、实质性国际合作研究等形式让研究者更深入地了解我国管理实践并开展相应的深层次、相互配合衔接的科学研究。在保持现有资助政策的基础上,为了更好地开展学术研究与学科建设,需要完善以下三方面的工作:①继续加强资助高水平的国内及国际学术交流活动,培养国内学者与国际顶级学者对话的能力,一方面,探讨本土问题的研究范式与研究经验;另一方面,进一步推动国际工商管理理论的本土化,扶持青年学者的成长,形成更加健康的学科梯队。②有重点地遴选需要资助的研究,在国家科研经费有限的情况下,既要鼓励与国际接轨的研究西方理论的西方型学术研究,也要大力鼓励真正研究和解决中国管理问题的扎实的学术研究,重点支持若干重点领域和关键问题,以点带面,实现关键问题的突破和整体水平的提升,多资助跨学科、交叉领域研究,也要多扶持和关注中西部落后地区工商管理学科人才队伍的研究。③改善科研财务制度,提高科研人员经费使用的自由度与灵活度。科研财务制度是学者们不得不面对的问题,为了更好地激励与鼓舞学者进行学术研究,需要进一步营造宽松的科研环境,完善并制定更加合理的考核机制和科研经费报销体系。另外,由于工商管理学科在项目花销上有别于自然科学学科等,其劳务费用占较大比重,因而需改善资助计划经费预算结构,优化课题经费的管理模式。

第二,加强建设学术界与实务界的互通机制,大力支持管理问题导向的理论与应用研究。工商管理学科的研究问题要提炼于企业实践,相关理论成果应该具有实践指导价值和现实意义。与国际上存在的研究挑战类似,中国工商管理学科领域的研究也存在"严谨与相关"("严谨与相关"研究也存在工商管理价值和现实意义)的分野,即面临如何处理学术追求与应用实践之间的关系问题。此外,中国学界还面临着另一挑战:"世界与中国"的分野,即要处理既接轨国际又服务中国的关系问题。

目前这种状况的产生与第一章中所述管理科学(特别是工商管理学科)的内涵和特点有关,也与基金委项目有别于其他省部委及企业应用项目、强调"基础、科学问题"的性质有关,同时也与我们国家在全球与本土维度上的发展需求有关。在这种情况下,从基金委及其管理学部的角度,可在以下方面设计政策措施:①在总体上进一步强调"顶天立地",即从学部、学科、群体层面上引导、鼓励、支持开展高水平的"顶天立地"的研究。这需要一定的顶层设计和布局,以期获得高水平项目总体和成果集合。②在个体(如单个项目、单个学者)上,既鼓励在"顶天"和"立地"两方面同时发力,也在总体规划的基础上支持高水平"顶天"或"立地"的探索和成果(特别是管理问题导向的"顶天"和严谨科学的"立地"),以充分发挥学者和项目的特点与长处。③设计完善相应的制度、流程、评价和管理体系。

　　第三，发挥基金委的平台优势，优化研究评审、期刊评审等机制。基金委是一个资源整合与配置平台，对学术研究及学科建设的进展程度及方向有着重要作用。国家自然科学基金对于我国工商管理学科的发展起到了重要作用。基金委自成立以来，探索并实施了先进的科研经费资助模式和管理理念，确立了"依靠专家、发扬民主、择优支持、公正合理"的评审原则，建立了"科学民主、平等竞争、鼓励创新"的运行机制，充分发挥了自然科学基金对我国基础研究的"导向、稳定、激励"的功能，推动了自然科学基础研究的发展及基础学科建设。

　　基金委发挥着导向功能，对学科的发展与学术研究成果有重大支持作用，能促进科学技术进步和经济社会协调发展。因而，为了更好地发挥基金委的平台作用，需要完善以下三方面的工作：①继续保持课题评审透明公正，优化项目评审机制，建立既重视学术影响又重视社会影响的研究评审机制和更好的落选项目的申辩机制，合理解决科研人员短时间内重复申请的问题，适度安排专家需评审的文章数量以便提供更详细的反馈，鼓励更多学者在此平台上发表反映我国国情的优秀的研究成果。②加快建设我国自己的学术期刊评价体系与等级指标，建立合理的评估体系，营造国内优秀期刊的生态圈，推动国内学术期刊在国际学术界的影响力。③需要进一步加强学术研究和实体经济的联系，保证研究的实践价值。坚持做到实践引领学术，学术指导实践，让学术研究发挥最大价值。

　　第四，加强信息技术在学术研究中的应用，构建与完善基础性数据平台，形成良好的合作与共享机制。在新技术环境（大数据、物联网、移动互联网等）下，研究工商管理学科面临的机遇与挑战，学科建设及学术研究要充分利用信息技术带来的便利。工商管理学科的研究需要质量良好的数据作为支撑，包括基础数据（观察、实验、问卷调查及实地调研数据等）、实际案例等。因而，在工商管理学科的发展中，需要构建全国共享的大数据库平台，使数据公开、透明，增加文章在国内外发表的数据公信力，加强案例库的开发等，并鼓励建设合作与共享机制；同时，支持政府、企业信息透明化，为工商管理学科获得可靠的大数据提供来源，这些工商管理学科基础设施的建设将大大提高国际学术对话水平。

　　基础数据平台的建设有利于各类跨区、跨学校及跨学科的合作研究，也能促进学术"社会网络"的形成。这样一方面可以促进学术创新，另一方面还可以整合各种分散的理论，形成有本土特色的中国式管理理论。先进的信息技术加速了研究范式的发展进程，使得知识的传递、分享与创造更加快捷。"十三五"期间，需要完善以下三方面的工作：①构建基础数据平台（包括各种基础数据及案例文本数据等），定期对企业及企业家进行调查，补充纵向数据，并向学者们开放，为学者们理论构建与实证研究提供大量的真实可信的基础数据。②利用信息技术，改善合作与共享的沟通机制，鼓励跨单位、跨学科的研究，支持开放性学术自由与创新。③加强拓宽研究成果的发布渠道，借助云平台等新兴技术环境的力量，让学者能较快地分享知识与成果，进而刺激新的研究问题，以此形成一个良性循环。

　　第五，完善学科发展的制度与体系建设，科学规范工商管理下的各学科领域的设置，建构均衡化的管理学科知识体系。工商管理学科的发展是为了促进中国经济健康发展以及中国企业管理水平的提升，故应真实体现中国经济和企业管理实践的现状。工商管理学科领域可以更加包容，允许主流和其他非主流理念的并存，百家争鸣、百花齐放，允许试错、包容失败的研究，这或许能够更加鼓励研究学者的不断开拓创新。同时，需要学习借鉴经济学、心理学、社会学、法学等基础学科的理论和方法，建立在更加基于"人"的研究上，创新并完善相应的知识体系。总体来看，中国的工商管理学科发展要遵循"高起点、入主流、有特色"的原则：高起点，我们的研究要强调与国际的接轨；入主流，我们的研究要强调解决问题，特别是在国内外工商管理学科和实践发展中的热点问题；有特色，这是最重要的，我们的研究不能总是跟在国外的理论和方法后面做实证、应用研究，要结合中国的特点做创新性的有特色的研究。

　　工商管理学科知识体系的均衡是相对的，而不均衡、不稳定则是绝对的。工商管理学科有很多分支学科、边缘分支学科，它们产生的时间与发展的速度也是有快有慢。所以，对于工商管理学科的布局必须考虑不同的发展阶段，要正确地把握管理学科知识体系的不均衡演进状态，做好工商管理学科研究力量的布局谋划，做好学科成长的合理配置，具体来讲,学科制度及体系的改善有如下四个方向:①由于工商管理学科门类广、研究问题差异大,应尊重学科特点和规律,学科分类布局要明确、细致,但不宜分得过细,否则不利于学科交叉融合。②关注学科交叉与融合,积极创造条件,加强工商管理各个学科领域之间的交流,以及学科之间的交叉、渗透与融合(如将心理学、行为科学的最新研究成果应用到管理研究中)。交叉与融合往往导致学科上的重大发现和新兴分支学科的产生,它也是科学研究中最活跃的部分之一。③设立科学合理的保障机制,确保交叉学科在科研立项、成果评审、奖项评定、新学科设立中受到公平对待,保证交叉学科的发展与创新。④拓宽对于院校工商管理学科的基金支持。可以考虑将基金分成若干个层次,让"弱小"院校的学者们也享受到基金的支持,这也能激发他们的学术热情及提升其学术成果质量。

为了让工商管理学科建设与国际接轨,鼓励通过学术互访(包括中国学者出国访问和邀请外国学者访问国内高校)、联合举办国际会议、联合培养博士生和博士后、科研项目合作等形式,大力支持中国学者多与国际知名院校和学者建立长期合作关系,以进一步推动工商管理学科发展的国际化。同时,重点扶持几个立足中国制度环境、有可能形成国际影响的学术刊物(如英文的中国问题研究学刊),这样,经过一段时期的积累,就会形成多本以讨论中国问题为主的国际性学术刊物,中国工商管理学刊才能够赢得国际学术的话语权。

第六,有侧重地发展相关优势学科,优先资助相关重点领域,保障学科发展的重大方向。在选择重点领域进行资助时,应该关注以下两个方面:①选择重点领域进行资助时,建立科学合理的资助标准,标准应该包含本土热点、国际热点及前沿、国家发展需求等因素。②恰当处理重点领域与其他领域的关系。在大力支持重点领域、热点问题研究的同时,也关注资助较冷问题的研究,对一些工商管理的冷门方向予以适当评估和关注。

参 考 文 献

[1] 吴世农，冯芷艳，吴晓晖，等. 工商管理学科"十二五"发展战略与优先资助领域研究报告
[M]. 北京：科学出版社，2013

[2] Academy of Management Journal，2009-2015

[3] Academy of Management Review，2009-2015

[4] Accounting Horizons，2009-2015

[5] Accounting Organizations and Society，2009-2015

[6] ACM Transactions on Information Systems，2009-2015

[7] Administrative Science Quarterly，2009-2015

[8] American Economic Review，2009-2015

[9] Auditing-A Journal of Practice & Theory，2009-2015

[10] Bmc Health Services Research，2009-2015

[11] California Management Review，2009-2015

[12] Communications of the ACM，2009-2015

[13] Contemporary Accounting Research，2009-2015

[14] Decision Science，2009-2015

[15] Entrepreneurship and Regional Development，2009-2015

[16] Entrepreneurship：Theory and Practice，2009-2015

[17] European Journal of Operational Research，2009-2015

[18] Financial Management，2009-2015

[19] Harvard Business Review，2009-2015

[20] Human Factors and Ergonomics in Manufacturing & Service Industries，2009-2015

[21] Human Relations，2009-2015

[22] Human Resource Management，2009-2015

[23] Human Resource Management Journal，2009-2015

[24] Human Resource Management Review，2009-2015

[25] IEEE Transactions on Knowledge and Data Engineering，2009-2015

[26] IIE Transactions，2009-2015

[27] Interfaces，2009-2015

[28] International Journal of Human Resource Management，2009-2015

[29] International Journal of Research in Marketing，2009-2015，

[30] International Journal of Technology Management，2009-2015

[31] Information Systems Research，2009-2015

[32] Journal of the Association for Information Systems，2009-2015

[33] Journal of the Association for Information Science and Technology，2009-2015

[34] Journal of Management Information Systems，2009-2015

[35] Journal on Computing，2009-2015

[36] Journal of Academy of Marketing Science, 2009-2015

[37] Journal of Accounting & Economics, 2009-2015

[38] Journal of Accounting and Public Policy, 2009-2015

[39] Journal of Accounting Research, 2009-2015

[40] Journal of Advertising, 2009-2015

[41] Journal of Applied Psychology, 2009-2015

[42] Journal of Banking & Finance, 2009-2015

[43] Journal of Business Finance & Accounting, 2009-2015

[44] Journal of Business Venturing, 2009-2015

[45] Journal of Business Research, 2009-2015

[46] Journal of Consumer Psychology, 2009-2015

[47] Journal of Consumer Research, 2009-2015

[48] Journal of Corporate Finance, 2009-2015

[49] Journal of Empirical Finance, 2009-2015

[50] Journal of Engineering and Technology Management, 2009-2015

[51] Journal of Finance, 2009-2015

[52] Journal of Financial and Quantitative Analysis, 2009-2015

[53] Journal of Financial Economics, 2009-2015

[54] Journal of Financial Intermediation, 2009-2015

[55] Journal of Financial Markets, 2009-2015

[56] Journal of Financial Services Research, 2009-2015

[57] Journal of International Marketing, 2009-2015

[58] Journal of International Business Studies, 2009-2015

[59] Journal of International Economics, 2009-2015

[60] Journal of Management, 2009-2015

[61] Journal of Management Studies, 2009-2015

[62] Journal of Marketing, 2009-2015

[63] Journal of Marketing Research, 2009-2015

[64] Journal of Occupational and Organizational Psychology, 2009-2015

[65] Journal of Operations Management, 2009-2015

[66] Journal of Organizational Behavior, 2009-2015

[67] Journal of Political Economy, 2009-2015

[68] Journal of Product Innovation Management, 2009-2015

[69] Journal of Retailing, 2009-2015

[70] Journal of Service Management, 2009-2015

[71] Journal of Service Research, 2009-2015

[72] Journal of Services Marketing, 2009-2015

[73] Journal of Small Business Management, 2009-2015

[74] Journal of Social Service Research, 2009-2015

[75] Journal of World Business, 2009-2015

[76] Leadership Quarterly, 2009-2015

[77] Long Range Planning, 2009-2015

[78] Management and Organization Review, 2009-2015

[79] Management Science, 2009-2015

[80] Managing Service Quality, 2009-2015

[81] Manufacturing & Service Operations Management, 2009-2015

[82] Marketing Letters, 2009-2015

[83] Marketing Science, 2009-2015

[84] MIS Quarterly, 2009-2015

[85] Naval Research Logistics, 2009-2015

[86] Operations Research, 2009-2015

[87] Organization Science, 2009-2015

[88] Organization Studies, 2009-2015

[89] Organizational Behavior and Human Decision Processes, 2009-2015

[90] Organizational Science, 2009-2015

[91] Production and Operations Management, 2009-2015

[92] Quarterly Journal of Economics, 2009-2015

[93] R&D Management, 2009-2015

[94] Rand Journal of Economics, 2009-2015

[95] Research Policy, 2009-2015

[96] Research Technology Management, 2009-2015

[97] Review of Accounting Studies, 2009-2015

[98] Review of Economics and Statistics, 2009-2015

[99] Review of Financial Studies, 2009-2015

[100] Science, 2009-2015

[101] Service Business, 2009-2015

[102] Service Industries Journal, 2009-2015

[103] Service Science, 2009-2015

[104] Sloan Management Review, 2009-2015

[105] Small Business Economics, 2009-2015

[106] Social Service Review, 2009-2015

[107] Strategic Entrepreneurship Journal, 2009-2015

[108] Strategic Management Journal, 2009-2015

[109] Technological Forecasting and Social Change, 2009-2015

[110] Technology Analysis & Strategic Management, 2009-2015

[111] Technovation, 2009-2015

[112] The Accounting Review, 2009-2015

[113] Transportation Science, 2009-2015

[114] 公共管理学报, 2009-2015

[115] 管理工程学报, 2009-2015

[116] 管理科学, 2009-2015

[117] 管理科学学报, 2009-2015

[118] 管理评论, 2009-2015

[119] 管理世界, 2009-2015

[120] 管理学报，2009-2015

[121] 华东经济管理，2009-2015

[122] 会计研究，2009-2015

[123] 金融研究，2009-2015

[124] 经济管理，2009-2015

[125] 经济理论与经济管理，2009-2015

[126] 经济学（季刊），2009-2015

[127] 经济研究，2009-2015

[128] 科学学研究，2009-2015

[129] 科学学与科学技术管理，2009-2015

[130] 科研管理，2009-2015

[131] 南开管理评论，2009-2015

[132] 外国经济与管理，2009-2015

[133] 系统工程理论与实践，2009-2015

[134] 系统工程学报，2009-2015

[135] 心理学报，2009-2015

[136] 信息系统学报，2009-2015

[137] 研究与发展管理，2009-2015

[138] 营销科学学报，2009-2015

[139] 中国工业经济，2009-2015

[140] 中国管理科学，2009-2015

[141] 中国会计评论，2009-2015

[142] 中国会计与财务研究，2009-2015

[143] 中国软科学，2009-2015

[144] 中国社会科学，2009-2015

[145] 中国营销科学学术年会论文集，2009-2015